FRECUENCIAS

Español comunicativo para el siglo XXI

Nivel

B1

Libro del estudiante

Equipo **Frecuencias**

PARTE 2 B1.2

Edi numen

Hugo Roberto Wingeyer, doctor en Lingüística Aplicada, es vicedecano de la Facultad de Humanidades de la Universidad del Nordeste (Chaco, Argentina)
La profesora y escritora Eloísa Covarrubias imparte talleres de narrativa y poesía en el Instituto Sonorense de Cultura (Hermosillo, México)

ISBN - Libro del estudiante: 978-84-91796-66-4
Depósito legal: M-24426-2021

Impreso en España
Printed in Spain
0122

Coordinación pedagógica:
M.ª José Gelabert

Coordinación editorial:
Amelia Guerrero y Mar Menéndez

Maquetación:
Carlos Casado, Juanjo López y Sara Serrano

Diseño de portada y maqueta:
Juanjo López

Estudio de grabación:
Producciones Activawords

Impresión:
Gráficas Glodami. Madrid

Créditos fotográficos en pág. 228

Editorial Edinumen
José Celestino Mutis, 4. 28028 Madrid. España
Teléfono: (34) 91 308 51 42
Correo electrónico: edinumen@edinumen.es
www.edinumen.es

¡En Edinumen nos apasiona el español!

Desde nuestros inicios hace ya más de 30 años, nuestro objetivo ha sido siempre mejorar la experiencia del aprendizaje de español en todo el mundo. Nos enorgullece decir que el cien por cien de nuestros recursos están dedicados exclusivamente a la enseñanza y aprendizaje de español como lengua extranjera y segunda lengua.

Durante todos estos años, hemos tenido el enorme privilegio de trabajar al lado de entusiastas profesionales del español que viven y desarrollan su labor en multitud de países y, por lo tanto, representan realidades diferentes. Así, hemos constatado los cambios que se han ido produciendo y hemos afrontado juntos nuevos retos para lograr el objetivo que compartimos: que los estudiantes que deciden aprender español sean capaces de disfrutar también de un apasionante universo sociocultural y lingüístico tan completo como enriquecedor.

Este reto es hoy especialmente emocionante. Gracias al desarrollo de las nuevas tecnologías, la interacción entre culturas y personas interconectadas desde todos los lugares del mundo es permanente y se produce a un ritmo inimaginable hasta ahora. Los hablantes de español del siglo XXI son interlocutores en un universo compuesto por realidades lingüísticas y culturales muy diversas que se nutren entre sí.

En los últimos años ha habido un intento justificado de integrar en los materiales didácticos muestras de lengua que se asemejen lo más posible a los modelos reales. En este sentido, **Frecuencias** incorpora, por primera vez en un manual de ELE, una extensa muestra de ejemplos extraídos de las bases de datos o corpus* que, siempre al hilo de los contenidos tratados, ilustran variantes de carácter léxico, gramatical o comunicativo con el fin de acercar al estudiante a las diferentes realidades sociolingüísticas hispánicas.

Además, **Frecuencias** se ha desarrollado metodológicamente en dos ejes: el aprendizaje por contenidos y la resolución de tareas que permiten al estudiante poner en práctica los conocimientos adquiridos anteriormente, lo que favorece un aprendizaje activo y eficaz.

Por último, queremos destacar la colaboración entre **Edinumen**, especialistas en ELE, y la **Real Academia Española (RAE)** en la génesis del proyecto, así como el asesoramiento de la RAE en el uso de los corpus y su revisión final del presente trabajo. Sin su ayuda y apoyo este manual no podría haber visto la luz.

Estamos muy ilusionados de presentar este nuevo manual de ELE, que da respuesta a las necesidades de estudiantes y docentes para un aprendizaje real en el siglo XXI.

* Colección de textos de todos los países hispanohablantes en formato electrónico, con varios millones de palabras, que la Real Academia Española (RAE) ha codificado y clasificado y que permiten la búsqueda a través de formas, lemas, categorías gramaticales, zonas geográficas, etc.

Edi numen

Especialistas en ELE

FRECUENCIAS

Frecuencias es el nuevo curso de español que da respuesta a las necesidades de estudiantes y docentes para un aprendizaje real en el siglo XXI.

Frecuencias sigue las recomendaciones del *Marco común europeo de referencia para las lenguas (MCER)* y su sílabo se ha elaborado a partir del *Plan curricular del Instituto Cervantes*.

El curso favorece un aprendizaje **activo**, de manera que el conocimiento de la lengua es **real**, **significativo y adaptado** a las **necesidades** del estudiante.

Una propuesta metodológica eficaz

Frecuencias combina el **aprendizaje por contenidos** con la **resolución**, en una fase posterior, de **tareas** en las que el estudiante tiene que poner en funcionamiento los conocimientos adquiridos previamente. Esta combinación facilita el aprendizaje, ya que los contenidos se van presentando **de manera progresiva** a lo largo de los apartados, de modo que el estudiante, al enfrentarse a las tareas, ha adquirido ya todas las herramientas que necesita para resolverlas con éxito.

Las actividades que se presentan son **significativas social y emocionalmente**, conectan con el estudiante y lo involucran en su aprendizaje. Estas actividades aumentan la **motivación** y favorecen la asimilación de lo aprendido.

La incorporación de los corpus de la RAE: CORPES XXI y CREA

Frecuencias incluye una extensa muestra de **ejemplos reales** extraídos de los corpus de la RAE para mostrar usos auténticos de lengua, con **variantes** que ejemplifican la riqueza lingüística del mundo hispánico, algunas **frecuencias** de uso y **combinatoria** de palabras, así como fenómenos de carácter **gramatical o comunicativo**.

Las muestras se destacan claramente en el manual a través de cuadros estratégicamente colocados junto a los contenidos a los que hacen referencia.

RAE

GRAMÁTICA

En las zonas voseantes de América, el imperativo tiene una forma propia para la persona vos *(hablá, bebé, abrí, empezá, volvé, elegí, tené, hacé, poné, vení, salí, decí…)*: *Empezá vos, por favor./Comé, comé, está muy bueno.*

Una visión global del mundo hispánico

La presencia de aspectos **culturales e interculturales** a lo largo de las actividades, así como en el apartado "Cultura", y la integración destacada de las **variantes hispánicas** facilitan la creación de una conciencia global del mundo hispánico y la adquisición de habilidades de comunicación por parte del estudiante. Todo esto le permite desenvolverse con éxito en una realidad lingüística y cultural tan compleja como la de la comunidad hispanohablante.

Un atractivo y motivador material audiovisual

Frecuencias presenta ***Cartelera de cine***, 10 secuencias de películas producidas en países hispanos cuyo fin es la práctica del componente sociocultural.

Un diseño a doble página que facilita el aprendizaje

Frecuencias aporta un **atractivo y moderno diseño a doble página** que permite presentar los contenidos de manera **motivadora**, **clara y ordenada**, lo que facilita el aprendizaje.

En colaboración con la Real Academia Española (RAE)

La **Real Academia Española (RAE)** es miembro de la Asociación de Academias de la Lengua Española (ASALE), que se formó en México en 1951 y que está integrada actualmente por las veintitrés academias de la lengua española existentes en el mundo (veinte en América, además de España, Filipinas y Guinea Ecuatorial). Su objetivo es llevar a cabo una política lingüística panhispánica trabajando unidas para conseguir la integridad y el crecimiento de la lengua española.

Entre sus logros cabe destacar la publicación, en coautoría, del *Diccionario de la lengua española* a partir de su XXII edición, la *Ortografía* en sus ediciones de 1999 y 2010, y el *Diccionario panhispánico de dudas* (2005), así como la elaboración de distintas bases de datos o corpus.

Frecuencias es un proyecto desarrollado por **Edinumen** con la colaboración de la **Real Academia Española**. Esta colaboración se ha centrado en dos aspectos:

- por un lado, Edinumen ha tomado en consideración los corpus lingüísticos y bases de datos que la RAE ofrece, así como su conocimiento del uso del español, para el desarrollo del curso;
- por otro lado, el manual ha sido revisado por la Real Academia Española como lingüística, léxica y gramaticalmente correcto.

Los corpus: CORPES XXI y CREA

El **Corpus del Español del Siglo XXI (CORPES XXI)** es un proyecto impulsado por la Asociación de Academias de la Lengua Española (ASALE). Está formado por diferentes tipos de textos de todos los países del mundo hispánico. Reúne un conjunto de 400 millones de formas y palabras, con una distribución de un 70 % de América y un 30 % de España, que aparecen en textos producidos a partir de 2001.

El **Corpus de Referencia del Español Actual (CREA)** está diseñado para proporcionar información exhaustiva acerca de la lengua en un momento determinado de su historia y es lo suficientemente extenso para representar todas sus variedades relevantes. Se compone de una amplia variedad de textos escritos y orales, producidos en todos los países de habla hispana entre 1975 y 2004 y en los que es posible la búsqueda por formas, lemas y categorías gramaticales.

Frecuencias, curso de español revisado por la RAE y que incluye muestras auténticas de los corpus lingüísticos.

Estructura del libro

Cada nivel de **Frecuencias** está compuesto por **diez unidades didácticas** estructuradas en ocho apartados con unos objetivos específicos:

- **presentación** de los contenidos de la unidad;
- activación de los **conocimientos previos** de los estudiantes sobre el tema;
- presentación y actividades para la adquisición de **vocabulario**;
- presentación y práctica de los **contenidos gramaticales**;
- **secuencia comunicativa** para poner en práctica los conocimientos adquiridos, a través de tareas significativas y el **desarrollo de las cuatro destrezas**;
- presentación de **contenidos culturales** relacionados con el universo hispánico;
- actividades de carácter **audiovisual** con las que trabajar el **componente sociocultural** a partir de secuencias de películas de producción española e hispanoamericana;
- **evaluación** de lo aprendido y reflexión sobre el aprendizaje.

Los diferentes apartados han sido pensados para que se realicen en **una o dos sesiones** de clase cada uno de ellos, dependiendo de las necesidades y la progresión específica de cada grupo de estudiantes.

Las tareas están diseñadas para trabajar en **diferentes dinámicas: de modo individual**, **en parejas**, **en grupos pequeños y todo el grupo**, fomentando de esta manera el trabajo colaborativo y el intercambio de conocimientos entre los diferentes miembros de la clase. Estas dinámicas aparecen indicadas con las siguientes etiquetas:

En parejas **En grupos pequeños** **Todo el grupo**

Cada nivel de **Frecuencias** viene acompañado de un apéndice de **Pronunciación y ortografía** con diez fichas prácticas que trabajan el componente fonético y ortográfico y que pueden presentarse en clase según las necesidades específicas de cada grupo.

La ELEteca (extensión digital)

La **ELEteca** es una completa **plataforma *e-learning*** con funcionalidades y contenidos digitales que facilitan la enseñanza/aprendizaje de la lengua.

La ELEteca de **Frecuencias** ofrece **actividades interactivas** para la práctica en línea de los principales contenidos de cada apartado de las unidades, todo el **material audiovisual** del curso y una gran variedad de recursos tanto para el estudiante como para el docente.

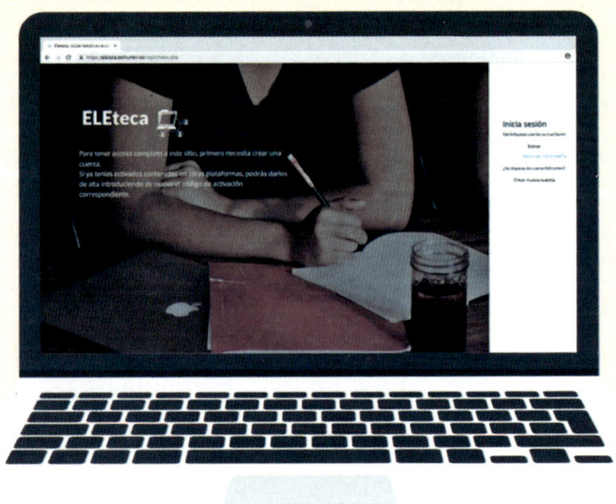

Para entrar en la ELEteca, regístrate con el código que aparece en el interior de la cubierta en:

https://eleteca.edinumen.es/

Cartelera DE CINE

Frecuencias presenta ***Cartelera de cine***,
10 secuencias de películas producidas en países hispánicos cuyo fin es la práctica del componente sociocultural.

La elección de una secuencia clave o significativa de cada película, junto a la presentación previa de su sinopsis y las actividades de explotación de la secuencia, permiten al estudiante acceder y profundizar en el elemento sociocultural que vertebra cada una de estas obras referentes del cine hispánico.

Las actividades diseñadas para cada una de las secuencias son facilitadoras y permiten un acercamiento significativo y sugerente a la cultura hispana.

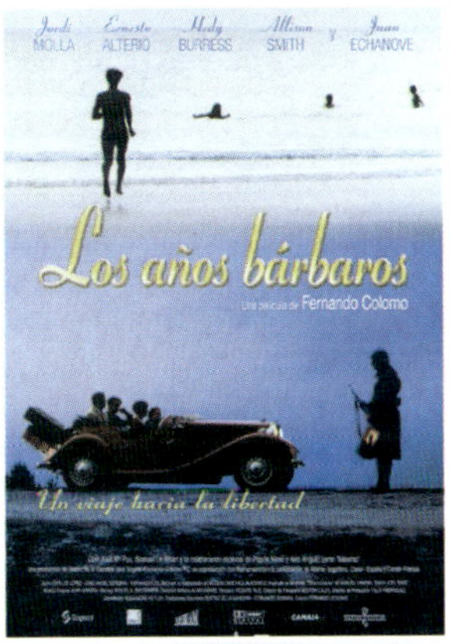

Cartelera de cine, un acercamiento lúdico a la cultura hispánica a través del séptimo arte.

Estructura de las unidades y elementos gráficos | guía visual

Portada. En ella se encuentran resumidos los objetivos principales de cada unidad, así como imágenes y preguntas que introducen el tema y activan la motivación.

Preguntas de motivación.

Objetivos de aprendizaje.

Dinámica recomendada para las diferentes actividades.

¿Qué sabes? Apartado con actividades para sondear los conocimientos previos de los estudiantes sobre el tema a tratar, a la vez que se anticipa el vocabulario, algunas estructuras gramaticales y elementos culturales de los apartados sucesivos.

Uso de elementos visuales para la realización de muchas de las actividades.

Palabras. Secuencia de actividades de léxico que facilitan el aprendizaje del vocabulario contextualizado según el tema de la unidad. Las actividades están destinadas a que los estudiantes descubran palabras o expresiones y aprendan a combinarlas y a usarlas en contexto. Este aprendizaje se lleva a cabo a través de textos orales o escritos, imágenes, definiciones, cuadros semánticos… que permiten deducir e interpretar su significado.

En este apartado, los cuadros de la RAE constatan diferencias léxicas entre el español de España y el de América con textos y ejemplos extraídos de los corpus.

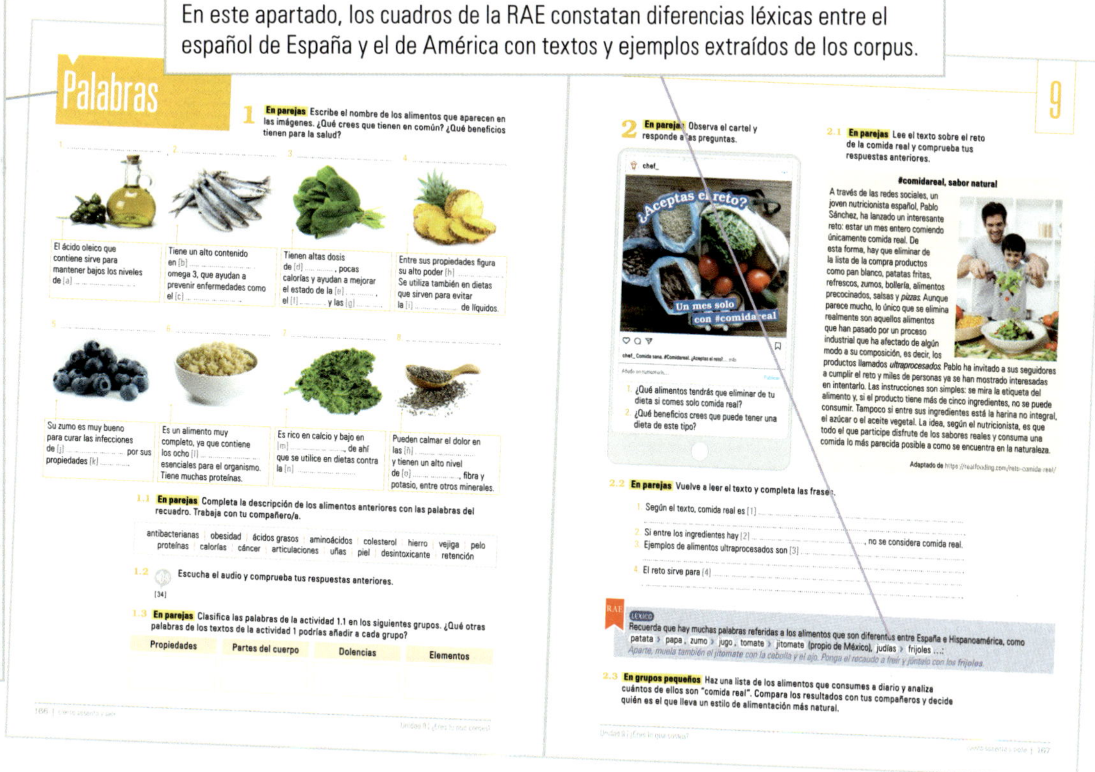

Gramática. La gramática se presenta sistematizada a través de cuadros diseñados para facilitar su aprendizaje y de actividades de reconocimiento y práctica guiada de los contenidos tratados.

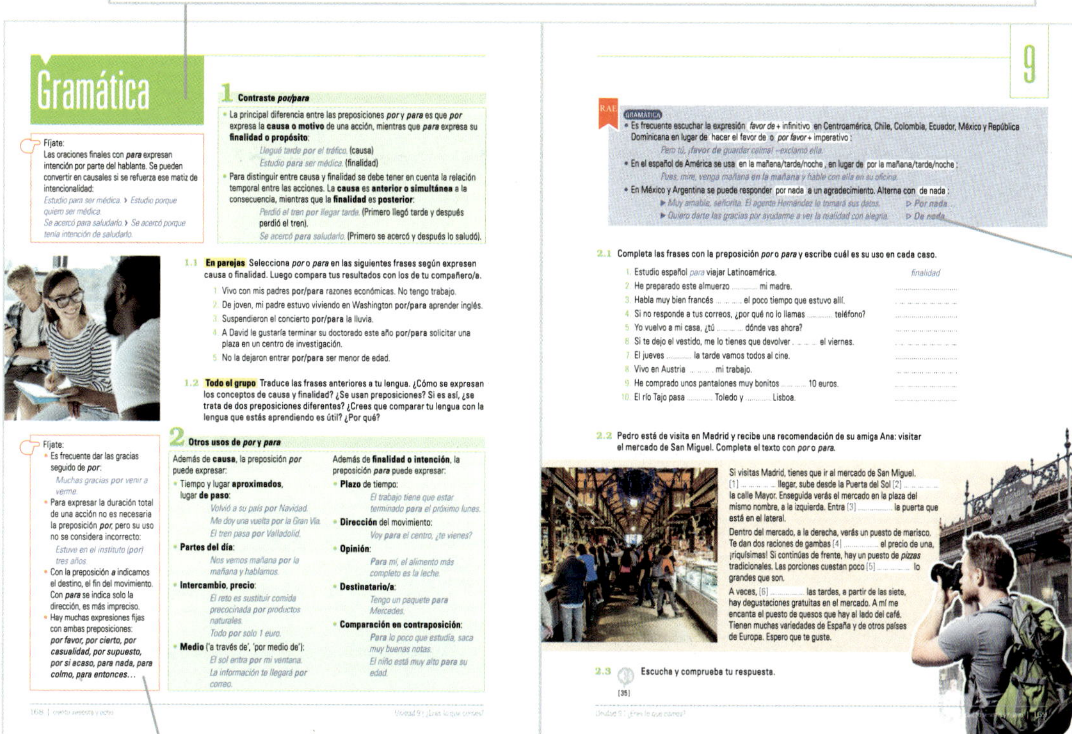

En este apartado, los cuadros de la RAE presentan información referida a cuestiones gramaticales (contraste entre el español de España y el de América, frecuencias de uso, regímenes verbales, etc.) con ejemplos extraídos de los corpus.

Cuadro de atención que sirve para resaltar o recordar los contenidos importantes.

Practica en contexto. El estudiante aprende a interactuar a través de las diferentes tareas presentadas en una secuencia didáctica coherente y significativa. Mediante estas tareas el estudiante pone en práctica los conocimientos adquiridos hasta el momento con actividades de comprensión y producción orales y escritas, interactuando según las diferentes dinámicas propuestas.

Los cuadros funcionales se presentan en el momento adecuado de la secuencia como una herramienta que el estudiante utiliza para resolver con éxito la tarea propuesta.

Cultura. Los contenidos culturales se presentan en una secuencia muy visual y dinámica en la que se tratan temas socioculturales de España e Hispanoamérica.

En este apartado cobran especial importancia la imagen, el diseño y los distintos formatos de texto: gráficos, diagramas, mapas, folletos turísticos...

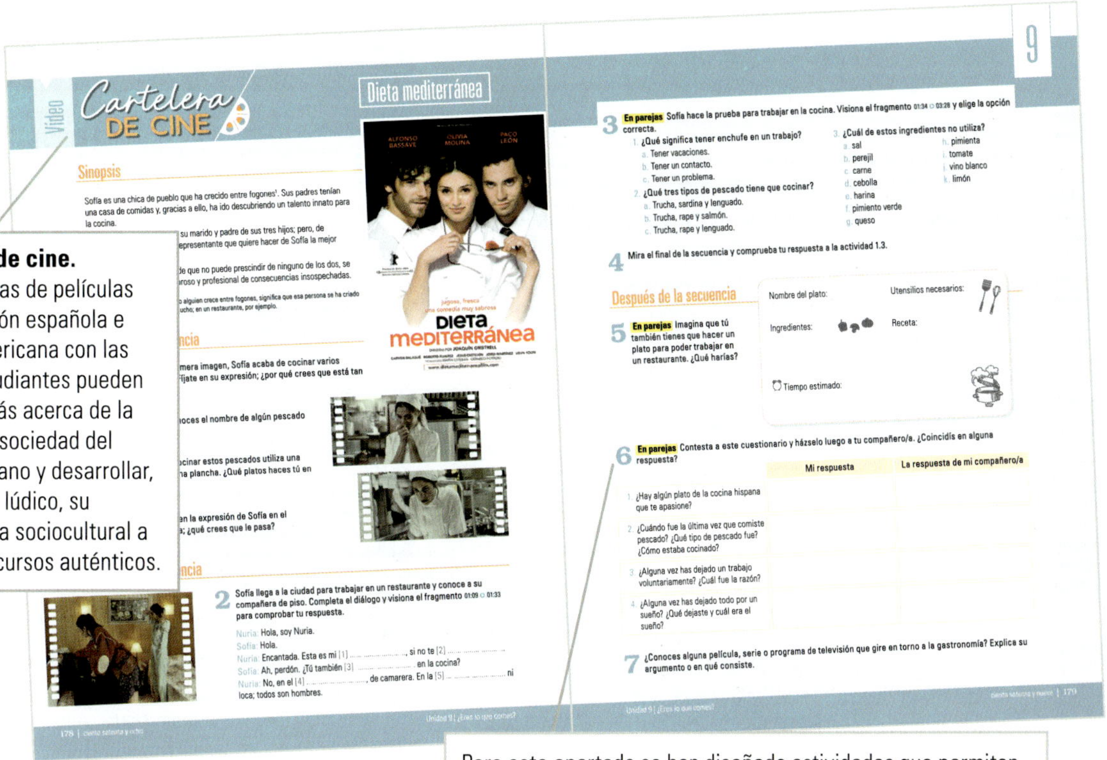

Cartelera de cine. 10 secuencias de películas de producción española e hispanoamericana con las que los estudiantes pueden aprender más acerca de la cultura y la sociedad del mundo hispano y desarrollar, de un modo lúdico, su competencia sociocultural a partir de recursos auténticos.

Para este apartado se han diseñado actividades que permiten al estudiante predecir, comprender y comentar la secuencia y el contexto sociocultural en el que esta se desarrolla.

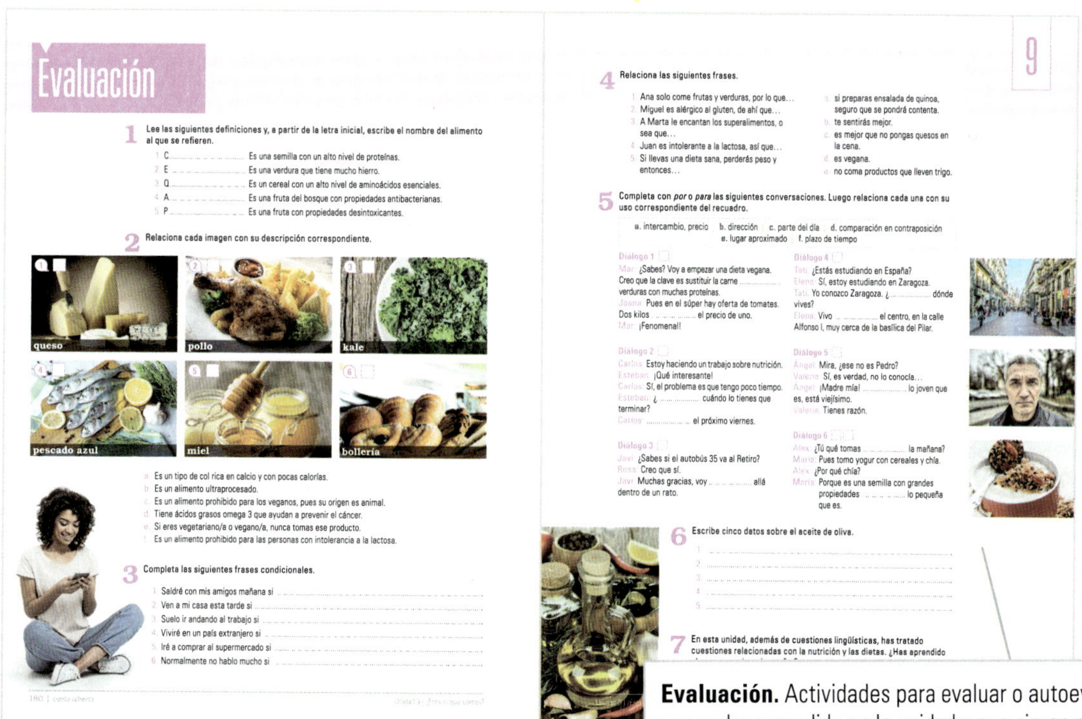

Evaluación. Actividades para evaluar o autoevaluar lo que se ha aprendido en la unidad y que sirven para que el estudiante tome conciencia de su propio aprendizaje. Con ellas, este puede reflexionar acerca de los errores cometidos e identificar aquellos contenidos que necesite repasar.

Índice

	Comunicación	Gramática	Léxico	Tipos de texto	Técnicas y estrategias	Cultura
9 **¿Eres lo que comes?** pág. 162	• Expresar causa y finalidad • Expresar condición • Expresar consecuencia • Llegar a un acuerdo • Escribir una receta	• Usos de las preposiciones *por* y *para* y su contraste • Oraciones consecutivas con indicativo/ imperativo/subjuntivo • Nexos consecutivos: *entonces, o sea que, así (es) que, de ahí que, de manera que, por tanto* • Oraciones condicionales reales (primera condicional) con presente/ imperativo/futuro	• Alimentos y sus propiedades • Sabores básicos • Nutrición y dietas • Recetas de cocina • Partes del cuerpo • Dolencias	• Recetas de cocina • Etiqueta: *#comidareal, sabor natural* • Artículo: ventajas e inconvenientes de los huertos urbanos	• Cooperar para llegar a un acuerdo • Tomar decisiones en equipo • Reflexionar sobre el aprendizaje transversal	• Recetas típicas de la cocina española: croquetas de pollo, salmorejo y migas de pastor • El mercado de San Miguel en Madrid • Platos tradicionales españoles • *El oro del Mediterráneo*
				Cartelera de cine • Secuencia 9: *Dieta mediterránea*		
10 **Línea de meta** pág. 182	• Expresar deseos • Expresar sentimientos • Describir objetos y explicar para qué sirven • Explicar la causa y matizarla o desmentirla • Introducir una opinión y reaccionar • Evocar recuerdos • Pedir, dar y agradecer un consejo	• Contraste de pasados • Presente de subjuntivo: – Deseos y preferencias – Peticiones – Consejos, recomendaciones, órdenes, permiso y prohibición – Sentimientos y estados de ánimo – Opinión, valoración y certeza – Oraciones de relativo con antecedente desconocido – Hipótesis y probabilidad – Oraciones finales	• Profesiones • Adjetivos de carácter y personalidad • Internet y las nuevas tecnologías • Palabras que designan fracciones de tiempo • Forma, material y función de los objetos • Expresiones para manifestar deseos: *que* + presente de subjuntivo • Adjetivos y sustantivos valorativos	• Fragmentos de la novela *La silueta del olvido*, de Joaquín Camps • Definición del internet de las cosas • Artículo: *Ventajas y desventajas del IoT*	• Deducir el contenido de un texto a partir de cierta información • Autoevaluarse a partir de los descriptores del nivel B1 del *Marco de referencia*	• El internet de las cosas • El *Marco común europeo de referencia para las lenguas* • *El comercio justo*
				Cartelera de cine • Secuencia 10: *Extraños*		

España datos de interés

Número de habitantes

46.5 millones de habitantes

España es el tercer país más visitado del mundo, superado únicamente por Francia y Estados Unidos.

La mayor reserva ecológica de Europa está en España: el parque nacional de Doñana.

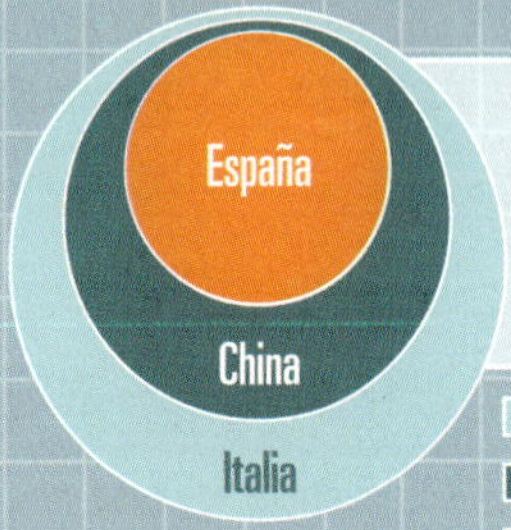

Es el tercer país con más sitios Patrimonio de la Humanidad, por detrás de Italia y China.

- Italia (51)
- China (50)
- España (45)

Monumentos más visitados en España:

- La Alhambra (Granada)
- La Sagrada Familia (Barcelona)
- La Mezquita (Córdoba)
- La Catedral de Santiago de Compostela (La Coruña)
- La Catedral de Burgos (Castilla y León)

Es el líder mundial en donación de órganos.

Las cuevas de Altamira albergan el arte paleolítico más antiguo de Europa.

Hispanoamérica datos de interés

Según *National Geographic*, el glaciar Perito Moreno, dentro del parque natural Los Glaciares en Argentina, es el cuarto paraje natural más bello del mundo, y el parque nacional Canaima, en Venezuela, ocupa el lugar número 15.

¡Hola!

La mayoría de los hablantes de español se encuentran en Hispanoamérica:

375 millones de hablantes nativos

Países más visitados de Hispanoamérica

- **México** ≃ 40 000 000
- **Argentina** ≃ 7 000 000
- **Chile** ≃ 6 500 000
- **República Dominicana** ≃ 6 000 000

Principales culturas precolombinas

- **Azteca** (Sur de México, siglos XIV-XVI)
- **Maya** (México y Guatemala, siglos I-XVII)
- **Inca** (Ecuador, Perú, Bolivia, norte de Argentina y Chile, siglos XV-XVI)

¿Por qué estudio español?

Más de 580 millones de personas hablan español en el mundo.

El español es la **segunda lengua materna del mundo** por número de hablantes, después del chino mandarín.

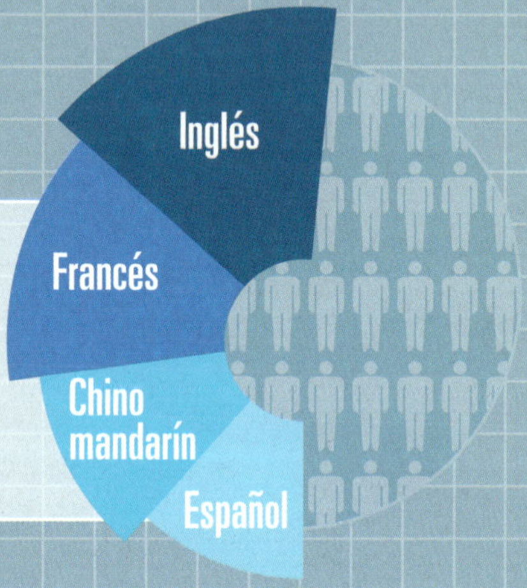

Es la cuarta lengua más estudiada del mundo después del inglés, el francés y el chino mandarín: actualmente hay 21.8 millones de estudiantes de español en el mundo.

La contribución del conjunto de los países hispanohablantes al PIB mundial es del 6.9 %.

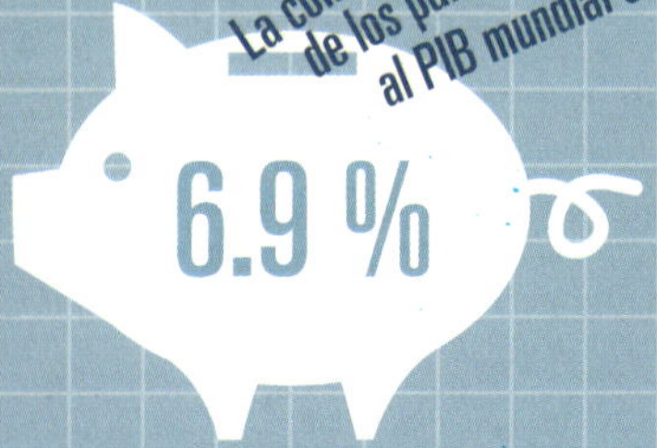

- El español es la tercera lengua más utilizada en la red.
- El 8.9 % de los usuarios de internet se comunica en español.
- El español es la segunda lengua más utilizada en Wikipedia, en Facebook, en LinkedIn y en Twitter.

El español es la cuarta lengua más poderosa del mundo.

El español ocupa la cuarta posición en el ámbito institucional de la Unión Europea.

Es la tercera lengua en el sistema de trabajo de la ONU: es una de sus seis lenguas oficiales.

España es el tercer país exportador de libros del mundo.

España, Argentina y México se encuentran entre los quince principales países productores de películas del mundo.

Datos extraídos del informe *El español: una lengua viva*, elaborado y redactado por David Fernández Vítores, y dirigido y coordinado por la Dirección Académica del Instituto Cervantes (2019).

Libro del estudiante

Nivel

B1.2

Unidad 6

Fíjate en las imágenes; ¿qué etapa de la vida es mejor según tu opinión?

¿Crees que puede haber entendimiento entre diferentes generaciones? Justifica tu respuesta.

¿Conoces alguna generación de artistas españoles o hispanos?

Esta es mi generación

En esta unidad vas a. . .

- Hablar de diferencias entre distintas generaciones
- Recordar diferentes etapas de la vida
- Enumerar tus puntos fuertes y débiles
- Hablar de la formación y los trabajos con más futuro
- Conocer a la generación del 27

¿Qué sabes?

1 **En parejas** Lee la siguiente conversación en Twitter. ¿Cómo crees que termina la etiqueta?

#Elmejorrecuerdode..............................

@ffernan
#Elmejorrecuerdode... eran las clases de Historia del Pensamiento; la mayoría de las veces no entendía nada, pero creo que me gustaban justamente por eso... Bueno, también porque me sentaba al lado de @mmaría. ❤️

@mmaría
😂 No te enterabas de nada porque no dejabas de intentar ligar conmigo. Para mí, #Elmejorrecuerdode... fueron las prácticas en el Museo Picasso. Me ayudaron mucho a entender qué quería hacer después de terminar. También me acuerdo de las tardes en la cafetería con @ffernan.😜

@elenamp
Ni las clases de Contabilidad, ni las de Métodos de Decisión, ni las de Comportamientos del Consumidor, que eran muy interesantes y han sido muy útiles después...; yo de lo que siempre me acordaré es del viaje de fin de carrera y de todo lo que hicimos para conseguir dinero. Para mí, ese es #Elmejorrecuerdode...

@pccito
Yo recuerdo el primer año; volvía a casa alucinando con lo que hacíamos en clase de Programación y se lo contaba a mis padres, que me miraban como si les hablara de otro planeta. Fuimos la primera promoción de España. ¡Ay! ¡Ese es sin duda #Elmejorrecuerdode...! 😃

RAE

ORTOGRAFÍA

El *Diccionario panhispánico de dudas* aclara que los sustantivos y adjetivos terminados en **consonante distinta** de *-l, -r, -n, -d, -z, -j, -s, -x* o *-ch*, ya sean onomatopeyas o voces procedentes de otras lenguas, hacen el plural en *-s*: tuit › tuits, crac › cracs, zigzag › zigzags, esnob › esnobs, cómic › cómics, robot › robots, web › webs...:

*La inversión en la construcción de **robots** se incrementó en un 25 por ciento en todo el mundo.*

1.1 **En parejas** ¿Qué estudiaron las personas que han escrito estos tuits? ¿A qué rama pertenecen sus estudios?

1.2 **Todo el grupo** En la conversación anterior todos hablan de recuerdos. ¿Con qué verbos lo hacen? ¿Conoces otras formas para decir lo que recuerdas y lo que no recuerdas?

2 **En parejas** Mira las imágenes. ¿Qué etapa de la vida representan? ¿Cuál es el momento más importante en cada una de ellas, según tu opinión?

1. *Infancia. Primer día de colegio.*
2. ....
3. ....
4. ....
5. ....

3 **Todo el grupo** Lee esta publicación de un blog que ha abierto Emilio, un español que está en Francia. ¿En qué etapa de la vida crees que se encuentra? ¿Qué ha hecho este año?

El blog de Emilio

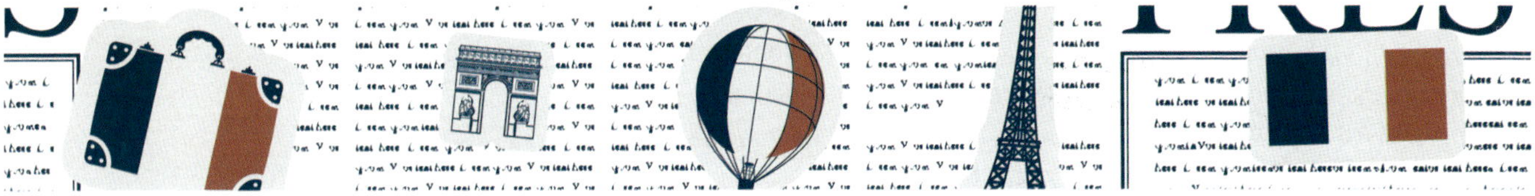

Estoy a punto de volver de mi Erasmus en París y he decidido abrir este blog para ayudar a todos los que os animéis a estudiar en Francia el próximo año. Voy a compartir con vosotros algo de ese saber acumulado que te da la experiencia y que no encontraréis en las guías de la universidad.

Antes de llegar, entrad en la web del CNOUS (Centre National des Œuvres Universitaires et Scolaires); allí encontraréis todo tipo de información para los estudiantes extranjeros. Os vendrá bien un poco de ayuda porque, cuando estéis aquí, veréis que la burocracia francesa puede ser un poco compleja.

Si decidís alojaros en una residencia, tenéis que solicitar la plaza en cuanto podáis, porque vuelan. Es un tipo de alojamiento muy demandado porque ofrece muchísimas ventajas; la más importante, que estará cerca de la universidad donde vayáis a estudiar. En cualquier caso, debéis solicitar la CAF (Caisse d'Allocations Familiales), una ayuda mensual al alojamiento que da el Gobierno francés. Eso sí, no lo intentéis hasta que estéis aquí, será inútil. Solo la podréis solicitar cuando tengáis ya un alojamiento.

Por último, perfeccionad vuestro francés antes de llegar; no es fácil estudiar una carrera en un idioma que no es el tuyo si no lo dominas. Por otro lado, es bueno que os presentéis a los profesores cuando empiece el curso y que les comentéis vuestra situación; suelen ser comprensivos y os ayudarán.

Ya os iré haciendo otras sugerencias interesantes cuando tenga más tiempo, ahora me voy a preparar mi fiesta de despedida. *Au revoir!*

3.1 **En parejas** Emilio da consejos para preparar una estancia de estudios en Francia. Separa los que se refieren a lo que hay que hacer antes del viaje y los que se refieren a la estancia allí.

Antes de ir	Durante la estancia

3.2 **En parejas** Vuelve a leer la entrada del blog y marca todas las expresiones temporales que aparecen. Emilio dice en el texto: *(…) tenéis que solicitar la plaza en cuanto podáis*. ¿Qué significa *en cuanto*?

4 **En grupos pequeños** Mira estas dos imágenes. ¿Qué diferencias y similitudes crees que hay entre los niños de ahora y los de antes? ¿Qué crees que es lo mejor de cada época?

Palabras

Fíjate:
La palabra *viejo/a* en España puede considerarse despectiva; en su lugar se usa *anciano/a* o *persona mayor*.

1 **En parejas** ¿Con qué edades asocias las diferentes etapas de la vida?

Infancia: ....
Adolescencia: ....
Juventud: ....
Madurez: ....
Tercera edad o vejez: ....

RAE

LÉXICO

En Hispanoamérica el término viejo/a se usa para dirigirse o referirse afectuosamente a alguien, especialmente al padre, a la madre, a la pareja o a los amigos:
*Solo sé que entonces mi **viejo**, mi papá, Julián García Miralles, cobró para mí una dimensión colosal.*

1.1 **En parejas** Relaciona estas acciones con su correspondiente etapa de la vida, según tu opinión. Trabaja con tu compañero/a. ¿Estáis de acuerdo?

estar embarazada | independizarse | empezar a trabajar | casarse | cuidar a los nietos | ir al colegio | enamorarse por primera vez | cambiar de trabajo | ir a la universidad | jubilarse | nacer | comprar una casa | desobedecer a los padres | ir de campamento | morir | hacer un curso en el extranjero | cuidar de los padres | tener pareja | graduarse

1.2 **En parejas** Ordena cronológicamente las acciones de la actividad anterior. ¿Coincides con tu compañero/a? ¿Habéis vivido alguno de esos momentos? ¿Cuándo?

2 Lee estas afirmaciones sobre la sociedad española actual y marca las que te parecen verdaderas.

1. ☐ Las mujeres son madres más jóvenes que antes.
2. ☐ Hay más nacimientos que muertes.
3. ☐ El número de hijos que tienen las mujeres ha bajado.
4. ☐ Cada vez hay más bodas.
5. ☐ Los españoles prefieren casarse en una iglesia.
6. ☐ La vida laboral es más larga que antes.
7. ☐ El primer contrato se firma a los 16 años.

2.1 [21] Escucha la noticia y comprueba tus suposiciones anteriores. ¿Has acertado?

2.2 **Todo el grupo** Compara los datos que has escuchado sobre los españoles con los de tu país. Busca información, si la necesitas, e informa al grupo. ¿Hay muchas diferencias?

2.3 [21] Vuelve a escuchar la noticia y marca qué expresiones de las siguientes se mencionan.

☐ Tener un hijo.
☐ Hacer unas prácticas.
☐ Casarse por la Iglesia.
☐ Contraer una deuda.
☐ Estudiar una carrera.
☐ Contraer matrimonio.
☐ Encontrar empleo.
☐ Comprar una casa.
☐ Firmar un contrato.
☐ Ahorrar para la jubilación.
☐ Estar en paro.
☐ Jubilarse.

2.4 **En parejas** Clasifica las expresiones anteriores en las siguientes categorías. Alguna de ellas puede pertenecer a más de una categoría. Luego añade una expresión más en cada caso.

Trabajo	Estudios	Familia	Dinero

3

Todo el grupo Mira estos gráficos sobre los estudios y el paro en España y elige un titular para cada uno. Hay un titular que sobra, ¿cuál es? ¿Son similares los datos en tu país?

1. Las carreras con más futuro | **2.** La formación profesional, a la cabeza del *ranking*
3. Más estudios: más empleo | **4.** Los españoles: o sin estudios o muy formados

- Universidad o FP superior.
- Bachillerato o FP de grado medio.
- Ni bachillerato ni FP.

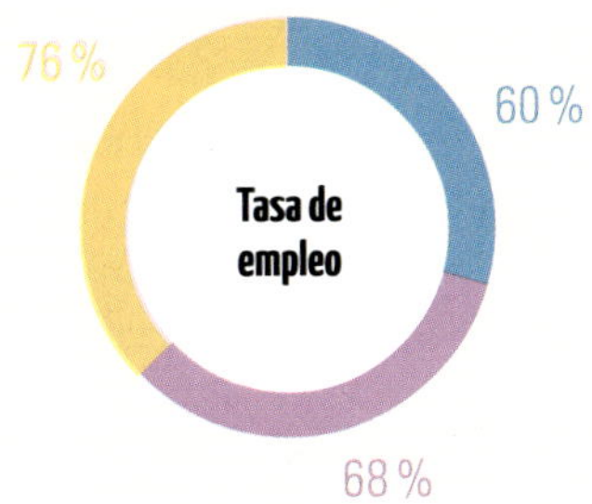

- Universitarios.
- Bachillerato o FP.
- Ni bachillerato ni FP.

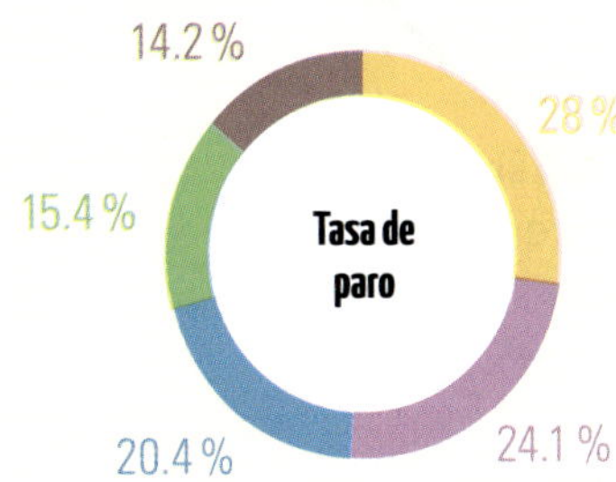

- Artes y Humanidades.
- Ciencias.
- Ciencias Sociales y Jurídicas.
- Ingeniería/Arquitectura.
- Ciencias de la Salud.

Datos extraídos de https://www.elmundo.es/sociedad/2017/09/12/59b79c6de2704e35498b45c9.html y de https://www.ine.es/prensa/np957.pdf

3.1 **En grupos pequeños** Clasifica las siguientes carreras universitarias en la tabla y complétala con otras que conozcas. Puedes usar el diccionario. ¿En qué tipo de empresas se puede trabajar con estas titulaciones?

Derecho | Filología | Administración y Dirección de Empresas | Periodismo | Telecomunicaciones | Tecnologías Ambientales | Comercio y *Marketing* | Física | Enfermería | Historia del Arte | Farmacia | Urbanismo | Matemáticas | Fisioterapia

Artes y Humanidades	
Ciencias	
Ciencias Sociales y Jurídicas	
Ingeniería/ Arquitectura	
Ciencias de la Salud	

3.2 **Todo el grupo** Imagina que tienes que elegir una carrera. ¿Cuál elegirías en la actualidad? ¿Por qué?

Gramática

1 Nexos temporales

- Existen varios **nexos temporales** que establecen relaciones de **simultaneidad**, **anterioridad** o **posterioridad** entre dos o más acciones, o el **inicio** o **límite temporal** de las mismas.
- *Cuando* y *al* + infinitivo expresan relaciones de **simultaneidad** entre las acciones o **posterioridad** de una acción respecto a otra:

  *Siempre escuchaba música **cuando** estudiaba.*

  ***Cuando** terminé (1.ª acción) la universidad encontré (2.ª acción) trabajo.*

  ***Al** abrir (1.ª acción) la puerta me encontré (2.ª acción) con Paco.*

  – ***Nada más*** + infinitivo y ***en cuanto*** expresan una **posterioridad inmediata**:

  *El examen empezó (2.ª acción) **nada más** llegar (1.ª acción) el profesor.*

  ***En cuanto** terminamos (1.ª acción), fuimos (2.ª acción) corriendo a la piscina para bañarnos.*

- ***Mientras*** indica que las acciones son **simultáneas**:

  ***Mientras** tú reservas la habitación, yo voy a comprar algo para comer.*

- ***Después de*** indica la **posterioridad** de la acción expresada por la oración principal:

  *Fuimos (2.ª acción) unos días a la costa **después de** pasar (1.ª acción) por la capital.*

- ***Antes de*** indica la **anterioridad** de la acción expresada por la oración principal:

  ***Antes de** preparar (2.ª acción) la maleta hago (1.ª acción) una lista con las cosas que necesito.*

- ***Desde que/Hasta que*** indican el **inicio** y el **límite temporal** de una acción respectivamente:

  *Estuvimos en el hospital **desde que** empezó la operación **hasta que** terminó.*

> Fíjate:
> ***Siempre que*** y ***cada vez que*** indican acciones **simultáneas o posteriores** que son **habituales**:
> ***Siempre que** tenemos la oportunidad nos vamos a pasar el día al campo.*
> ***Cada vez que** el profesor le preguntaba, se ponía muy nervioso.*

1.1 **En parejas** Transforma las siguientes frases utilizando el nexo *cuando*.

1. Lo contrataron nada más recibir su currículum. › ....
2. Iba siempre a correr al salir del trabajo. › ....
3. Al volver a mi país encontré todo muy cambiado. › ....
4. Nada más casarse perdió el contacto con sus amigos. › ....

1.2 **En parejas** **Completa este texto donde Mateo narra un recuerdo. Utiliza los nexos temporales del recuadro. Luego compara el resultado con tu compañero/a. ¿De qué momento de su vida habla?**

mientras	hasta que	en cuanto	después de	antes de

Recuerdo perfectamente aquel día; ha sido uno de los más importantes de mi vida. Me acuerdo de que [1] .... desayunaba empecé a pensar en cómo sería nuestra vida a partir de ese momento, si seríamos capaces de vivir juntos. [2] .... desayunar, ducharme y vestirme con aquel traje tan ajustado que me quité [3] .... pude, salí en el coche que habíamos alquilado: un descapotable rojo; creo que nunca más me he sentido tan importante como en aquel momento. Luego llegamos a la iglesia, cogí a mi madre de la mano y subimos juntos las escaleras. [4] .... entrar, mi madre me preguntó si estaba nervioso. Yo le mentí, le dije que no, pero estoy seguro de que ella se dio cuenta, porque no paré de temblar [5] .... llegó ella, preciosa con el traje que llevaba. Recuerdo cómo nos miramos, esa mezcla de ilusión y vértigo que teníamos. ¡Fue tan bonito!

2 Oraciones temporales

- Las oraciones temporales ponen en relación dos o más acciones indicando **en qué momento** tiene lugar la acción de la oración principal.
- Con *cuando, siempre que, cada vez que, hasta que, desde que* y *en cuanto* se usa **indicativo** en **presente** y **pasado:**

  *Cuando **llego** a casa después del trabajo, **me pongo** un rato a leer.* (El presente indica que son acciones habituales: ***cuando*** equivale a ***siempre que***).

  ***Me llamó** para felicitarme **en cuanto se enteró** del nacimiento de mi hija.*

  – Para hablar de una **acción habitual** en **pasado** se usa el **pretérito imperfecto**:

  ***Cada vez que podíamos, nos íbamos** a nuestra casa de campo.*
- Todos estos nexos temporales se construyen con **subjuntivo** para expresar **futuro**:

  *No **pensaré** en mi futuro **hasta que** (no) **termine** el curso.*

  *Os **daremos** las notas **en cuanto corrijamos** los exámenes.*
- Con ***antes de*** y ***después de*** se utiliza el **infinitivo** cuando el sujeto de las oraciones es el mismo y el **subjuntivo** si son diferentes:

  *Me tomé un año sabático **después de terminar** la universidad.*

  *Es mejor tomar tus propias decisiones **antes de que** otros las **tomen** por ti.*

Fíjate:
- No se puede usar el futuro con estos nexos, solo el **subjuntivo**:

  Cuando ~~vendrá~~ mamá, haré los deberes ›
  *Cuando **venga** mamá, haré los deberes.*
- Si ***cuándo*** es **interrogativo** o **interrogativo indirecto**, se puede construir con **futuro**:

  *¿**Cuándo verás** a tu familia?*

  ***No sé cuándo podré** irme de vacaciones.*

RAE

GRAMÁTICA

- La construcción no… hasta que (no)… indica que una acción no se produce antes de que otra suceda:

  *La abuela **no** dejó de chillar **hasta que** el niño atrapó al bicho y lo metió en el bote.*

  *Le he dicho que **no** lo voy a tocar **hasta que no** lo ponga quien tiene la obligación de hacerlo.*

  Ambas frases son correctas según indica la RAE. La segunda negación tiene un valor enfático. Esta construcción es más usual en el español de España.
- En algunas zonas de América, especialmente en México, en el área costera de Ecuador, en América Central y en Colombia, se produce el siguiente fenómeno: **se suprime la negación** delante del verbo en las oraciones con hasta, por lo que el enunciado se interpreta como a partir de:

  *El licenciado estará disponible mañana jueves **hasta** las diez horas.* ('A partir de las diez horas')

2.1 Relaciona los elementos de las dos columnas y conjuga los verbos correctamente añadiendo *que* si es necesario.

1. Salimos para el hospital…
2. Cuando .... (terminar, tú) los estudios…
3. Vivieron juntos…
4. Después de .... (jubilarse, yo)…
5. Tenemos que hablar contigo…
6. Tuve varios trabajos…

a. mientras .... (estudiar, yo).
b. antes de .... (irse, tú).
c. encontrarás trabajo sin problema, ya lo verás.
d. hasta que su hija .... (cumplir) 18 años. Luego se separaron.
e. quiero dedicarme a la jardinería.
f. en cuanto nos .... (decir, ellos) que había nacido.

2.2 Transforma las siguientes frases en tu cuaderno utilizando el nexo que aparece entre paréntesis.

1. Iré a correr después de terminar este trabajo. (cuando)
2. Recibimos la noticia y te pusimos un mensaje. (al)
3. De pequeña iba a la sierra si hacía buen tiempo. (siempre que)
4. No volveré si no me dices la verdad. (hasta que)
5. Primero recibirás la información. Luego terminará el curso. (antes de)
6. Salí de casa. Llamaron por teléfono. (en cuanto)

3 Futuro simple y condicional simple

En parejas Lee la información del cuadro y completa las formas que faltan.

- El **futuro simple** y el **condicional simple** son dos tiempos relacionados. Ambos se construyen añadiendo al infinitivo sus terminaciones o desinencias correspondientes:

Futuro simple			Condicional simple		
Hablar	**Comer**	**Vivir**	**Hablar**	**Comer**	**Vivir**
hablar**é**	comer**é**	....	hablar**ía**	....	vivir**ía**
hablar**ás**	comer**ás**	....	hablar**ías**	....	vivir**ías**
hablar**á**	comer**á**	....	hablar**ía**	....	vivir**ía**
hablar**emos**	comer**emos**	....	hablar**íamos**	....	vivir**íamos**
hablar**éis**	comer**éis**	....	hablar**íais**	....	vivir**íais**
hablar**án**	comer**án**	....	hablar**ían**	....	vivir**ían**

- Los **verbos irregulares** en condicional simple son los mismos que en futuro simple:
  - caber › **cabré** › **cabría**
  - haber › **habré** › **habría**
  - poder › **podré** › [1] ....
  - querer › [2] .... › **querría**
  - saber › [3] .... › [4] ....
  - poner › **pondré** › [5] ....
  - salir › **saldré** › **saldría**
  - tener › **tendré** › [6] ....
  - valer › **valdré** › **valdría**
  - venir › [7] .... › **vendría**
  - decir › [8] .... › [9] ....
  - hacer › [10] .... › **haría**
- El **condicional simple** expresa **posterioridad** respecto a un momento del **pasado** (futuro de pasado):

  "Llegaré a las seis". › ***Dijo que llegaría*** *a las seis y son menos cinco.*
- También se usa para **hacer suposiciones** sobre un hecho o situación del pasado:

  Tendría *5 o 6 años cuando lo conocí, no lo recuerdo bien.*
- El condicional también se puede usar con **valor presente** para:
  - Hacer **peticiones con cortesía**:
    *¿**Podría** repetirlo, por favor?*
  - Hacer **sugerencias**:
    Deberías *comer más sano.*

> Fíjate:
> Comparar los tiempos verbales relacionados te ayuda a memorizar su morfología más fácilmente.

> Fíjate:
> - El condicional se puede usar para hablar de situaciones **imaginarias**:
>   *Yo no **viviría** nunca en un pueblo, me **aburriría** muchísimo.*
> - También se usa para expresar **deseos**:
>   *¡Qué hambre! Me **tomaría** un bocadillo.*

3.1 Completa las frases con la forma correcta del condicional de los verbos entre paréntesis y di cuál es su uso en cada caso: futuro del pasado (FP), suposición (S), cortesía (C), sugerencia (SG) o situación imaginaria (SI).

1. ☐ Yo que tú .... (ir) más tarde, normalmente a estas horas hay mucha gente.
2. ☐ ¿Qué .... (hacer) Juanjo ayer en la oficina hasta tan tarde?
3. ☐ Nos dijeron que hoy a primera hora .... (estar) las notas.
4. ☐ Ayer me prometieron que lo .... (hacer, ellos) todo esta mañana, no te preocupes.
5. ☐ No sé... Yo creo que anoche cuando llegamos .... (ser) las once o las once y media.
6. ☐ En mi mundo ideal todos .... (tener, nosotros) una casa para vivir.
7. ☐ Me .... (gustar) pediros un favor: ¿.................... (poder) hablar más bajo? Es que estoy estudiando.
8. ☐ Con un buen trabajo, ... (vivir, tú) sin tantos agobios.
9. ☐ ¿Te .... (importar) abrirme la puerta, por favor? Tengo las manos ocupadas.

3.2 Fíjate en una de las frases anteriores: *En mi mundo ideal todos tendríamos una casa para vivir.* Escribe un texto en tu cuaderno en el que describas cómo sería tu mundo ideal según los temas que se proponen.

3.3 **Todo el grupo** Comparte tus ideas anteriores con tus compañeros. ¿Habéis coincidido en algún tema?

4 Comparar y acotar cantidades

- Para decir que dos elementos son **equivalentes** usamos:
  - elemento + verbo + ***igual de*** + adjetivo/adverbio ***que***...
    *Los jóvenes de hoy son **igual de** trabajadores **que** los de antes.*
    *Lo haces **igual de** bien **que** María.*
- Para **destacar un elemento** frente a todos los demás de un conjunto usamos el **superlativo relativo**:
  - ***el/la/los/las*** (+ sustantivo) + ***más/menos*** + adjetivo + ***de*** + grupo
    *Marisa es **la** (persona) **más** trabajadora **del mundo**.*
  - ***el/la/los/las*** (+ sustantivo) + ***que*** + ***más/menos*** + verbo + ***de*** + grupo
    *Este bolígrafo es **el que menos** dura **de todos los que tengo**.*
- Para **acotar cantidades** usamos esta estructura:
  - ***(No) más/menos de*** + cantidad
    *Esta chica tendrá **más de** 20 años y **no más de** 25.*

Fíjate:
En esta estructura *igual* es un adverbio y, por tanto, es invariable.

Fíjate:
Si el grupo se ha mencionado antes o se sobrentiende, no es necesario repetirlo:
Ana tiene la nota más baja de la clase, pero no sé quién tiene la más alta.

4.1 **En parejas** Fíjate en los datos de Estrella y Tomás y completa las frases con alguna de las estructuras anteriores.

1. Estrella .... 40 años.
2. Tomás es .... hijos tiene.
3. Para Tomás .... importante .... para Estrella.
4. Estrella es .... gana de los dos.
5. Tomás es .... horas trabaja.
6. Estrella es .... horas trabaja.

	Estrella	Tomás
Edad	41	26
Familia	Casada, 2 hijos	Casado, 1 hijo
Prioridades	Familia, trabajo, amigos	Familia, trabajo, amigos
Salario/mes	1600 €	1200 €
Contrato	8 horas/día	6 horas/día

Practica en contexto

1 [22] ¿Sabes qué caracteriza a estas generaciones? Escucha y ordena las imágenes según la generación a la que se refieran.

☐ Generación Z

☐ Milenial o generación Y

☐ *Baby boomer*

☐ Generación X

1.1 **Todo el grupo** Actualmente se está hablando ya de una nueva generación. ¿Sabes cómo se llama y por qué la han nombrado así? ¿Qué edad tienen actualmente las personas de esta nueva generación?

1.2 **Todo el grupo** Lee el texto y comprueba tus respuestas anteriores.

Después de la generación Z, formada por aquellos nacidos entre 1995 y 2010, los expertos comienzan a hablar de la generación alfa (α), formada por los nacidos a partir de 2010: los hijos de la generación Y o milenial. No es casualidad que hayan escogido el nombre de "alfa" para referirse a ella, ya que es la primera letra del abecedario griego, lo que parece dar a entender, de forma metafórica, un nuevo renacer de la humanidad.

Adaptado de
https://saposyprincesas.elmundo.es/consejos/psicologia-infantil/caracteristicas-generacion-alpha/ y
https://www.elconfidencial.com/alma-corazon-vida/2019-05-30/generacion-alpha-demografia-social-digital_2042446/

1.3 **En grupos pequeños** Mira esta infografía sobre la generación alfa. ¿Qué similitudes y diferencias tiene con su generación anterior? ¿Cómo crees que será la nueva generación en otros aspectos: futuras relaciones de pareja, medioambiente…?

Comparar

Recuerda que para comparar puedes usar las siguientes expresiones:

- el/la más/menos… de…
- igual de… que…
- más/menos… que…
- tan… como…

1.4 **Todo el grupo** ¿A qué generación perteneces tú? ¿Con qué características te identificas más y con cuáles no te identificas en absoluto? Cuéntaselo a tus compañeros.

2

[23] **En parejas** Escucha este pódcast en el que cuatro personas hablan de un episodio de su vida. Anota en tu cuaderno a qué generación pertenece cada una y de qué época de su vida habla.

2.1 [23] Escucha de nuevo y marca qué persona hace cada afirmación.

	Persona			
1. Formó una familia justo después de encontrar trabajo.	a	b	c	d
2. Conoció a su pareja cuando vivía en el extranjero.	a	b	c	d
3. Decidió qué estudiar después de un viaje.	a	b	c	d
4. Pronto dejará de trabajar.	a	b	c	d
5. Echa de menos la libertad de aquella época.	a	b	c	d
6. No está seguro/a sobre su futuro académico.	a	b	c	d
7. No se hizo realmente adulto/a hasta que salió de su país.	a	b	c	d
8. No ha encontrado trabajo relacionado con sus estudios.	a	b	c	d

2.2 **Todo el grupo** ¿Recuerdas el primer día del curso de español? ¿Cómo fue? ¿Qué pasó?

Fíjate:
Digo que algo ***me suena*** cuando tengo un recuerdo vago de un episodio, persona, dato... Si algo ***no me suena*** o ***no caigo*** es que no lo recuerdo de ninguna manera. Digo ***ya caigo*** cuando consigo acordarme de algo que no recordaba:

- ▶ *¿Te acuerdas de cuando te pusiste a imitar a don Manuel y él estaba detrás?*
- ▷ *¿Don Manuel?* ***No me suena****...*
- ▶ *Sí, mujer, el profesor de quinto, el que hablaba con un acento tan gracioso.*
- ▷ *¡Ah, sí! Don Manuel,* ***ya caigo****... Era muy majo, empezó a reírse él también con la imitación. No se enfadó ni nada.*

Evocar recuerdos

- Para expresar que **se recuerda** algo se usa:
  - ***Recordar/Acordarse de*** + sustantivo/***que***...

    Recuerdo *ese día./****Me acuerdo de*** *ese día.*

    Recuerdo que *cuando entré todos me miraron.*
  - ***No olvidar/No olvidarse de*** + sustantivo/***que***...

    No he olvidado el/No me he olvidado del *primer día de colegio.*

    No me he olvidado de que *fuiste tú quien me ayudó.*
- Para expresar que **no se recuerda** algo podemos usar las estructuras anteriores en forma negativa y afirmativa, respectivamente:

  No recuerdo *bien/****No me acuerdo*** *bien* ***de*** *ese día, pero sí de lo contenta que estaba.*

  Me he olvidado del *nombre de mi primer jefe.*

Fíjate:
La estructura *_me recuerdo_ es incorrecta.

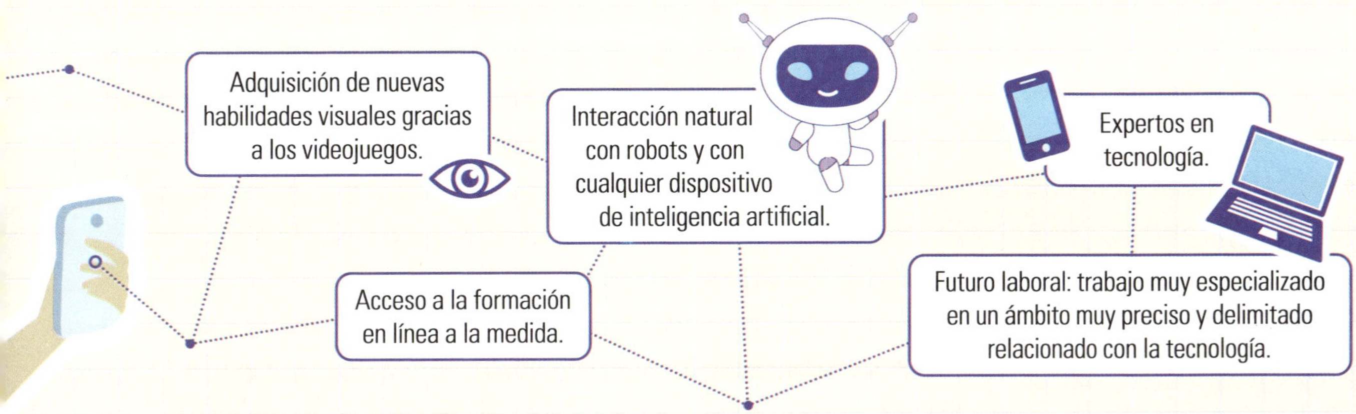

2.3 **Todo el grupo** Fíjate en estas imágenes; ¿te evocan algún recuerdo? Compártelo con tus compañeros.

3 [24] Escucha esta entrevista de trabajo y di si las siguientes afirmaciones son verdaderas o falsas.

1. A Sergio le gusta ayudar a la gente. .... V F
2. Sergio es muy bueno en todo lo relacionado con la burocracia. .... V F
3. Trabaja en una asociación especializada en el tratamiento de todo tipo de problemas psicológicos. .... V F
4. En su trabajo tiene que tratar también con la familia directa del paciente. .... V F
5. Olga cree que Sergio puede realizar cualquier trabajo. .... V F
6. Sergio aún no ha intervenido en conflictos de parejas con niños. .... V F

3.1 [24] Vuelve a escuchar y completa el cuadro.

- Para hablar de **capacidades y habilidades** usamos:
  - *Soy* [1] ..../*un genio/malo(a)/un desastre/(un/a)* [2] .... + *para.../en ...*/gerundio

    *Es **un genio** para las matemáticas.*
    *Soy **un desastre** gestionando cuestiones burocráticas.*
  - (No) **Tengo** [3] .... para...

    [4] .... *para empatizar con personas con problemas.*
  - *Se me* [5] .... */dan* [6] .... ***/mal/fatal...*** + sustantivo/infinitivo

    [7] .... *resolver conflictos familiares.*
- Para expresar **preferencias** usamos:
  - [8] .... **más/menos me gusta/interesa es/son...**

    [9] .... *menos me gusta es la burocracia.*

Fíjate:
Es muy común utilizar la expresión ***no se me da/dan mal...*** para decir con modestia que algo se nos da bien.

Dar consejos y hacer sugerencias

- Otras fórmulas para dar consejos y hacer sugerencias son ***podría(s)/debería(s)/tendría(s) que*** + infinitivo:

  ***Podrías** hacer un curso intensivo de alemán en Berlín.*

  Fíjate:
  Estas estructuras se usan para añadir un matiz de **modestia** al consejo.

- También puedes usar ***yo que tú/yo en tu lugar/yo*** + condicional:

  *Si quieres trabajar en recursos humanos, **yo que tú** haría un máster.*

  Con estas expresiones el hablante se pone **en el lugar del otro** para dar su recomendación; por eso, en estos casos, el condicional se construye siempre en primera persona.

3.2 Piensa en tus capacidades y habilidades. ¿Para qué tienes facilidad? ¿En qué eres un desastre? ¿Qué es lo que más te interesa? ¿Y lo que menos? ¿Cuál sería tu trabajo ideal?

Soy bueno/a en...	Soy un desastre para...

Mi trabajo ideal › ....

3.3 **En parejas** Comparte tus notas con tu compañero/a. ¿Qué consejos puedes darle para conseguir el trabajo que quiere?

3.4 **En parejas** En tu empresa hay un puesto vacante con el perfil de tu compañero/a. Hazle una entrevista de trabajo. Sigue el modelo de la audición anterior.

4

En parejas Lee los siguientes titulares sobre cómo será el futuro en algunos aspectos. ¿Qué crees que pasará cuando se hagan realidad?

Ejemplo: ***Cuando** se puedan prever las enfermedades, viviremos más años y tendremos mejor calidad de vida.*

> Recuerda:
> Para relacionar dos acciones futuras se usa ***cuando*** + subjuntivo.

La energía solar será la principal fuente de energía.

El 47 % de los trabajos manuales será sustituido por robots en una o dos décadas.

Todo estará conectado digitalmente.

La población mundial llegará a los 10 000 millones de habitantes según Naciones Unidas y, por esta razón, habrá que aumentar la producción agrícola en un 70 %.

Se confeccionarán mapas de ADN al nacer para prever el riesgo de padecer enfermedades.

4.1 **Todo el grupo** ¿Qué profesiones representan las siguientes imágenes? Responde después a las preguntas teniendo en cuenta los titulares anteriores y tu experiencia. Justifica tus respuestas.

1. ¿Cuáles de estas profesiones tienen más futuro y cuáles están condenadas a desaparecer?
2. ¿Cuándo desaparecerán estas últimas?
3. ¿Cuáles tendrán que reinventarse para sobrevivir?
4. ¿Qué otras profesiones actuales se encuentran en esta situación?

4.2 **En parejas** Elige una profesión con futuro y prepara una presentación para explicar a tus compañeros por qué crees que tiene tantas posibilidades. Luego, entre todos, elegid las cinco profesiones con más futuro en los próximos diez años.

LA GENERACIÓN DEL 27

Es, sin duda, la fotografía más célebre de la literatura española. En ella posan los poetas –tímidos, frágiles en apariencia– tras la mesa del salón de actos de la Sociedad Económica de Amigos del País de la calle Rioja, en Sevilla. Allí están ocho de las más firmes promesas literarias de la época: Rafael Alberti, Federico García Lorca, Juan Chabás, Mauricio Bacarisse, Jorge Guillén, José Bergamín, Dámaso Alonso y Gerardo Diego. Junto a ellos, los anfitriones Manuel Blasco Garzón y José María Romero Martínez.

José María Rondón, *Diario de Sevilla*, Sevilla, 18 de diciembre de 2016

1 **En grupos pequeños** Los poetas de la foto forman parte de una de las generaciones más importantes de la literatura española: la generación del 27. ¿Sabes qué es una generación literaria? ¿Por qué se agrupa a los escritores en generaciones? Discútelo con tus compañeros de grupo.

1.1 **Todo el grupo** Exponed vuestras conclusiones y comparadlas con las del resto de la clase. ¿Coincidís? Ahora, leed esta definición y comprobad vuestras respuestas.

Una generación literaria es un grupo o conjunto de escritores que tienen en común vivir en la misma época y compartir estilos, técnicas, gustos y preocupaciones. En la literatura española contemporánea se estudian dos grandes generaciones: la generación del 98 y la generación del 27.

2 **En parejas** ¿Cuáles de estas afirmaciones sobre la generación del 27 crees que son ciertas? Compara tus respuestas con las de tu compañero/a.

1. ☐ La generación tiene ese nombre porque coincide con el año de nacimiento de los artistas.
2. ☐ Los miembros de esa generación son solamente escritores.
3. ☐ Muchos miembros de esa generación tienen entre ellos relaciones de amistad.
4. ☐ La generación del 27 aparece con posterioridad a la guerra civil española.
5. ☐ Federico García Lorca es uno de los miembros más famosos de esta generación.
6. ☐ La generación del 27 es famosa por su odio al arte antiguo y su amor por el arte moderno.

2.1 Lee el texto y comprueba tus respuestas anteriores.

El Pabellón Transatlántico de la Residencia de Estudiantes de Madrid

En 1927 un grupo de escritores se reúne en Sevilla para conmemorar el tercer centenario de la muerte de Góngora, un célebre escritor clásico español de los siglos XVI-XVII. Entre los escritores de la generación del 27 destacan poetas como Pedro Salinas, Rafael Alberti, Federico García Lorca o Jorge Guillén. Pero este grupo literario integra a otros artistas de la época con los que trabajan en los proyectos artísticos más modernos y vanguardistas de su tiempo. Directores de cine como Luis Buñuel, músicos como Manuel de Falla y pintores como Dalí son famosos en la historia del arte y comparten con la generación del 27 las siguientes características:

- Muchos de ellos son amigos y estudian en la Institución Libre de Enseñanza. La mayoría vive y se reúne en la Residencia de Estudiantes de Madrid.
- Tienen los mismos gustos e intereses por los escritores clásicos y son, al mismo tiempo, muy innovadores y originales en sus creaciones artísticas.
- Están muy preocupados por la realidad social y política del país, pero también sienten mucha atracción por temas filosóficos universales.
- La gran mayoría apoya al bando republicano durante la guerra civil española y por ese motivo abandonan el país durante la dictadura de Franco.

2.2 Vamos a conocer más a algunos de estos artistas y escritores. ¿Con quién asocias estas informaciones? ¿Con Buñuel, Lorca, Dalí o Falla? Puedes utilizar internet para investigar.

Buñuel

Lorca

Dalí

Falla

1. Es conocido también por sus obras de teatro. ______
2. Es famoso por ser el primer director español en ganar un premio Óscar, con una película francesa. ______
3. Su biografía habla de su hábito de desinfectar el piano antes de tocarlo y lo define como un maniático de la limpieza. ______
4. Muere asesinado al principio de la guerra civil española. ______
5. Trabaja con Hitchcock en *Spellbound* y es el diseñador del logotipo de unos caramelos. ______
6. Hacen juntos una película: *Un perro andaluz.* ______

3 **En parejas** Elige a un miembro de la generación del 27, busca información e imágenes sobre él y preséntaselo a la clase.

Vídeo

Cartelera DE CINE

Sus ojos se cerraron y el mundo sigue andando

Sinopsis

La película tiene lugar en Buenos Aires en los años treinta. Juanita es una joven y bella modista española que admira a Carlos Gardel con obsesiva pasión. Un día conoce a Renzo, un fracasado cantante, de quien se enamora por el simple hecho de tener un gran parecido físico con su ídolo. Por este amor es capaz de abandonar a su antiguo novio e intentar convertir por todos los medios al joven Renzo en una copia perfecta de Carlos Gardel. Su fijación conducirá a su amado a un desenlace tan trágico como el del propio Gardel.

Antes de la secuencia

1 **Todo el grupo** Renzo sabe que a Juanita le gusta el cantante Carlos Gardel. ¿Cómo crees que conseguirá enamorar a la protagonista?

Renzo

Juanita

Gustavo, el novio

2 **Todo el grupo** De los siguientes escenarios, ¿cuál crees que es el más idóneo para enamorarse: una playa, un salón de baile o un supermercado? ¿Por qué?

3 **Todo el grupo** En la secuencia que vamos a ver, Juanita abandona a su novio por Renzo. ¿Cómo crees que reaccionará el novio ante esa situación?

Durante la secuencia

4 **En parejas** Renzo canta su canción *Amores de estudiante*. Visiona el fragmento 00:59 ▶ 02:45 y decide si las siguientes afirmaciones son verdaderas o falsas. Luego compara con tu compañero/a.

1. Renzo interpreta la canción mirando solo a Juanita. .... V F
2. Las amigas de Juanita se dan cuenta de que ella presta más atención al cantante que a su novio. .... V F
3. El novio de Juanita, Gustavo, disfruta de la canción. .... V F
4. La letra de la canción dice: "Amores de estudiante, flores de una noche son". .... V F
5. A los músicos les sorprende recibir aplausos del público tras la canción. .... V F

5 Juanita y Renzo bailan un tango. Esta es parte de la conversación que mantienen. Visiona el fragmento 03:38 ▶ 04:30 y escribe las palabras que faltan.

Juanita: No me dirá que lo hizo por mí.
Renzo: Por supuesto. Usted fue la [1] .... que me dijo lo de Gardel.
Juanita: Claro, porque Gardel es grande.
Renzo: Yo también.
Juanita: Es puro [2] ....
Renzo: Yo igual.
Juanita: Y va a llegar a lo más alto porque es un [3] ....
Renzo: Yo también.
Juanita: Me está pareciendo un poco vanidoso.
Renzo: No, vanidoso no, [4] .... Yo soy pura ambición.
Juanita: Yo también.

6 **En parejas** Visiona ahora la secuencia completa y ordena estas frases por orden de aparición. Luego compara con tu compañero/a.

- [ ] Las amigas de Juanita comentan la situación.
- [ ] Los músicos discuten con el propietario del local.
- [ ] A Gustavo le molesta que Renzo esté hablando con su novia.
- [ ] Renzo y Juanita charlan mientras bailan un tango.
- [ ] El propietario quiere cerrar y les pide que terminen.
- [ ] Renzo canta un tango mientras mira fijamente a Juanita.
- [ ] Gustavo abandona el bar enojado.

Después de la secuencia

7 **Todo el grupo** Lee las preguntas y coméntalas con tus compañeros.

1. ¿Por qué Renzo no acompaña a sus amigos al terminar la canción?
2. ¿Qué problema tienen el propietario del local y los músicos?
3. ¿En qué tres cosas dice Renzo que coincide con Carlos Gardel?
4. Cuando Juanita y Renzo bailan, ¿en qué cualidad dicen los dos coincidir?

Las amigas

8 **En parejas** En la secuencia se dicen las siguientes dos frases, en las que aparecen algunas expresiones típicamente argentinas. ¿Sabes qué significan?

> "Jamás le podría hacer una cosa así a **la gallega**".
> "¿Cuántas veces te he dicho que **esa mina** no es para vos?".

9 **En grupos pequeños** La canción que interpreta Renzo, *Amores de estudiante*, es solo uno de los éxitos que popularizó Carlos Gardel, un mito en Argentina. Busca en internet información sobre su figura y discute con tus compañeros los ingredientes de su éxito eterno. ¿Con qué figura actual se puede comparar?

Evaluación

1 Escribe debajo de cada imagen qué hacen o qué les pasa a estas personas.

1. ....

2. ....

3. ....

4. ....

5. ....

6. ....

2 [25] Escucha a estas personas comentando acontecimientos importantes de su vida. ¿De qué momento habla cada una? ¿De cuál no habla ninguna?

- ☐ Cuando compró su primera casa.
- ☐ Su traslado a la ciudad.
- ☐ El día que nació su nieta.
- ☐ Cuando se independizó.
- ☐ Cuando se graduó.
- ☐ Su jubilación.

3 Escribe un recuerdo para la situación que no se comenta en la actividad anterior.

....

....

4 Observa estos datos sobre dos titulaciones universitarias y corrige la información que no sea correcta.

Grado en Filología Hispánica

Duración: 4 cursos **Prácticas:** 3 meses
Nota de entrada: 5/10
Tasa de empleo de titulados: 56 %
Tiempo medio entre finalización de estudios y empleo: 18 meses

Grado en Administración de Empresas

Duración: 4 cursos **Prácticas:** 3 meses
Nota de entrada: 7.5/10
Tasa de empleo de titulados: 78 %
Tiempo medio entre finalización de estudios y empleo: 3 meses

1. El grado en Filología no dura igual que el de Administración de Empresas. › ....
2. Las prácticas de Administración de Empresas son las más largas. › ....
3. Necesitas al menos un 5 para entrar en Filología y no menos de un 7.5 para entrar en Administración de Empresas. › ....
4. La carrera con más futuro es Filología. › ....
5. El tiempo para encontrar un trabajo con Filología no es igual que con Administración de Empresas. › ....

5 Une los elementos de las dos columnas para formar frases y completa con los verbos entre paréntesis en la forma correcta.

1. Ojalá encuentre trabajo de lo mío...
2. Desde que (nacer) .... Marta...
3. Cuando nos (subir, ellos) .... el sueldo...
4. Mientras (estar, ellos) .... dormidos...
5. No volveré a trabajar...
6. Necesitaremos otra casa...

a. hasta que el niño (comenzar) .... el colegio.
b. después de (terminar, yo) .... la carrera.
c. en cuanto (nacer) .... su hermanita.
d. nos casaremos.
e. no tenemos tiempo para nosotros.
f. podremos hablar de nuestras cosas; ¡hace tanto que no lo hacemos!...

5.1 Las frases de la actividad anterior son los pensamientos de Antonio en distintos momentos de su vida. Ordénalos y escribe la historia.

....

....

....

6 Transforma las siguientes frases para que signifiquen lo que se indica entre paréntesis usando el condicional o el nexo temporal adecuado.

1. Volverás. Saldremos a tomar algo. (acciones sucesivas)

   ....

2. Quiero hablar un momento por teléfono. (petición cortés)

   ....

3. Anoche el niño cenó ensalada y salchichas. (hipótesis)

   ....

4. Tengo un bebé y no puedo dormir. (inicio de la acción)

   ....

5. Recibí un correo y a continuación me llamaron por teléfono. (acción sucesiva inmediata)

   ....

6. Tengo muchas ganas de tomar un café. (deseo)

   ....

7. Sal con los amigos y relaciónate, pasas mucho tiempo solo. (consejo)

   ....

8. Yo pongo la mesa. Tú haces la comida. (acciones simultáneas)

   ....

7 ¿Cómo recuerdas lo que has aprendido? Marca las opciones con las que te identifiques.

1. Soy **bueno(a)/malo(a)** recordando lo que es más diferente a mi lengua.
2. Soy **un genio/un desastre** recordando los ejemplos.
3. **Tengo/No tengo** facilidad para recordar lo que está relacionado con conocimientos anteriores.
4. Se me da **bien/mal** recordar lo que me emociona/divierte/enfada...
5. Soy **bueno(a)/malo(a)** recordando lo que experimento.

Unidad

7

¿A través de qué medios recibes información?

¿Te resulta complicado distinguir entre noticias falsas y noticias reales?

¿Te parece que la imagen del padre y el hijo es habitual hoy en día?

¿Con qué tipo de noticia relacionas al niño que aparece detrás de la reja?

Todo es noticia

En esta unidad vas a. . .

- Expresar cambios relacionados con una acción y sus causas
- Rectificar o matizar una información o suposición previa
- Redactar y titular acontecimientos informativos
- Descubrir qué palabras han sido noticia en los últimos años

¿Qué sabes?

1 **En grupos pequeños** ¿Cuánto sabes sobre medios de comunicación? Juega con tus compañeros de grupo. El que más respuestas acierte gana.

1. ¿En qué siglo empezaron a publicarse los primeros periódicos?
   - ○ a. En el siglo XVI.
   - ○ b. En el siglo XVII.
   - ○ c. En el siglo XVIII.

2. ¿Cómo se llama la parte de la noticia que resume lo más importante?
   - ○ a. Título.
   - ○ b. Titular.
   - ○ c. Titulación.

3. ¿Qué periódico empezó a publicarse en España al mismo tiempo que se iniciaba el periodo democrático (1976)?
   - ○ a. *El País*.
   - ○ b. *ABC*.
   - ○ c. *La Vanguardia*.

4. En el lenguaje periodístico, una situación está *al rojo vivo* cuando...
   - ○ a. alcanza su mayor interés.
   - ○ b. es muy complicada.
   - ○ c. tiene que ver con un asesinato.

5. El hombre/La mujer del tiempo informa sobre...
   - ○ a. economía.
   - ○ b. meteorología.
   - ○ c. actualidad.

6. ¿Qué acontecimiento deportivo fue seguido por más telespectadores?
   - ○ a. Final de la Copa del Mundo de Críquet en 2011.
   - ○ b. Final de la Copa del Mundo de Fútbol de Brasil en 2014.
   - ○ c. Ceremonia de apertura de los Juegos Olímpicos de Sídney en 2000.

7. ¿Qué medio de comunicación es más fiable según los usuarios?
   - ○ a. El periódico.
   - ○ b. Las redes sociales.
   - ○ c. La radio.

8. Si uso *televisión a la carta*, significa que...
   - ○ a. veo la tele en un restaurante.
   - ○ b. puedo elegir cuándo y qué ver.
   - ○ c. puedo elegir entre varios canales.

9. ¿En qué medio trabaja normalmente un/a locutor/a?
   - ○ a. En la prensa escrita.
   - ○ b. En la radio.
   - ○ c. En la televisión.

10. ¿A qué se dedica un crítico de cine?
    - ○ a. A ver películas.
    - ○ b. A comentar películas.
    - ○ c. A dirigir películas.

11. Los jóvenes prefieren internet para informarse, ya que...
    - ○ a. es más inmediato.
    - ○ b. es menos aburrido.
    - ○ c. es más fiable.

12. ¿Cuál de estas series españolas ha sido la más vista en el mundo en los últimos años?
    - ○ a. *El secreto de Puente Viejo*.
    - ○ b. *Médico de familia*.
    - ○ c. *La casa de papel*.

1.1 **Todo el grupo** Tu profesor/a va a dar las respuestas a cada pregunta. ¿Hay algo que te sorprenda o que no sabías? Cuéntaselo a tus compañeros.

2 **En parejas** El siglo XXI ha revolucionado la forma de hacer periodismo. Lee las frases y adivina qué palabra falta en cada una de ellas. Ayúdate del contexto y de tu experiencia para hacerlo. Luego compara con tu compañero/a.

El usuario ha dejado de ser solo espectador para [1] .... activamente en el proceso informativo.

Los ciudadanos han empezado a colaborar en el trabajo de los [2] .... aportando fotos, vídeos y testimonios.

El periodismo ciudadano añade un punto de vista diferente frente a los grandes medios, que defienden [3] .... comerciales.

La participación [4] .... en internet está provocando un exceso de información o sobreinformación.

Los rumores se convierten habitualmente en [5] .... y se pierde la perspectiva de lo que es verdadero o falso.

2.1 [26] Escucha y comprueba tus respuestas.

2.2 **En parejas** Comenta ahora con tu compañero/a cómo es tu relación con los medios informativos. ¿Coincidís en algo?

1. ¿Qué medios utilizas para estar informado/a? ¿Por qué?
2. ¿Has participado alguna vez en una información o en un programa con tus fotos, vídeos o comentarios? ¿Dónde?
3. ¿Qué medio te parece más fiable para informarte? ¿Por qué razón?
4. ¿Crees que en la actualidad hay demasiadas noticias falsas? ¿Podrías poner algún ejemplo?

2.3 **Todo el grupo** Lee la conclusión del audio anterior. ¿Estás de acuerdo con ella? Justifica tu respuesta.

"Lo cierto es que estos cambios ya no tienen vuelta atrás y el periodismo de este siglo seguirá transformándose con la ayuda de todos, profesionales y usuarios".

Palabras

1 **En parejas** Observa las imágenes. ¿Qué profesión relacionada con la comunicación tienen estas personas? ¿En qué medio crees que trabajan?

1. .... 2. .... 3. ....

1.1 Lee lo que han escrito estas tres personas sobre su trabajo y comprueba si tus respuestas de la actividad anterior son correctas. Después completa los textos con las palabras adecuadas del recuadro.

cartelera | lectores | espectadores | última hora | informativo | estrenos | reportero
críticas | estudio | oyentes | cámara | información meteorológica

(1) Soy crítica de cine porque desde niña mi pasión son las películas. Es un verdadero placer para mí trabajar en algo que me gusta tanto, pero eso no significa que no tenga que esforzarme. Para empezar, necesito ver todos los [1] .... importantes para poder estar al día. A veces no todo lo que veo es de calidad u original. Tampoco mis [2] .... gustan a todos los [3] .... Y el periódico me exige que tenga terminados mis artículos a veces en el día. Además, en vacaciones sigo escribiendo porque la [4] .... no se detiene y siempre hay nuevas películas de las que hablar.

(2) Empecé a trabajar en la televisión como [5] .... Cada día salía a la calle para buscar noticias, acompañado por un [6] .... Un día tuvimos que cubrir una inundación y descubrí que la [7] .... me gustaba más que otros temas. Como tengo un grado en Física, hice un máster en Climatología y me ofrecí para ser el hombre del tiempo. Gracias a mi trabajo anterior tenía contactos y conseguí mi propio programa después del telediario. Como soy una cara conocida, muchos [8] .... me paran por la calle para mostrarme sus fotos de nevadas o simplemente para preguntarme si mañana va a llover. El tiempo es un tema que nos interesa a todos.

(3) De lunes a viernes tengo que estar en el [9] .... muy temprano. Empiezo a trabajar a las cinco de la mañana, pero no me importa. Cada día, nuestros [10] .... se levantan con la [11] .... gracias a nuestro [12] .... Yo soy la presentadora; mi voz es lo que se escucha, pero detrás de mí hay un gran equipo que trabaja muy organizado para que todo sea perfecto cuando estoy en el aire. Llevo muchos años trabajando en la radio, pero cada día sigue siendo muy emocionante.

1.2 **En parejas** Clasifica en la tabla todas las palabras relativas a los medios de comunicación que aparecen en los textos de la actividad anterior. Añade tú alguna más en cada categoría. Luego compara con tu compañero/a.

Medio de comunicación	Profesional	Usuarios	Tipo de texto/ Programa	Otros
periódico				

1.3 **En parejas** Relaciona las palabras anteriores según el medio de comunicación al que pertenecen: televisión, radio o prensa. Ten en cuenta que algunas pueden usarse en varios medios diferentes.

RAE

LÉXICO

En el español de América se usa frecuentemente la palabra noticiero para referirse a un programa de noticias, tanto de radio como de televisión:
*Al mediodía volveremos a estar con ustedes, y no se pierdan nuestro **noticiero**, solamente la verdad y siempre la verdad.*

En el español de España es más frecuente el uso de informativo: *Evidentemente, una cosa es firmar en un periódico y otra cosa es aparecer en un **informativo** de la única televisión que en aquel momento existía.*

2 **En parejas** Vas a escuchar un diálogo en el que se utilizan los siguientes términos. Antes relaciónalos con su definición. ¿A qué fenómeno de la comunicación actual crees que va a hacer referencia la conversación posterior teniendo en cuenta estas palabras?

1. enterarse de
2. fiarse de
3. rumor
4. portavoz
5. desmentir
6. en directo

a. Información que se transmite de una persona a otra sin que se confirme su veracidad.
b. Persona que habla en nombre de un grupo.
c. Recibir la noticia de un asunto.
d. Tener confianza en algo o en alguien.
e. Cuando un programa se emite al mismo tiempo que se realiza.
f. Decir que un hecho o comentario es falso.

Fíjate:
Reconocer las palabras claves de un texto escrito u oral te ayuda a comprender mejor su mensaje o idea principal.

2.1 [27] Escucha la conversación entre Elena y su hijo Toni y comprueba tus respuestas anteriores. Después decide si las siguientes afirmaciones son verdaderas o falsas.

1. El presidente del Gobierno ha dimitido, según las redes sociales. .... V F
2. Elena no está segura de que la noticia sea cierta. .... V F
3. Toni busca más información en la radio. .... V F
4. El portavoz del partido político confirma la dimisión del presidente. ..... V F

2.2 **Todo el grupo** ¿Por qué crees que Elena no se fía de las redes sociales? ¿Crees que internet es un medio seguro para buscar información fiable?

Gramática

1 Perífrasis verbales. Perífrasis de infinitivo

- Una **perífrasis verbal** está formada por **dos verbos**: uno conjugado y otro en forma no personal (infinitivo, gerundio o participio) unidos frecuentemente por una **preposición** o el nexo *que*.

  El verbo conjugado aporta un valor **modal** (obligación, capacidad, probabilidad...), **temporal** o **aspectual** (comienzo de la acción, desarrollo, interrupción...) a la acción principal expresada por el infinitivo, gerundio o participio:

  Tienes que salir de casa y divertirte un poco. (Valor modal, indica necesidad)

  Mañana voy a ir al gimnasio. (Valor temporal, indica futuro)

  Descansa un poco y luego sigues estudiando. (Valor aspectual, indica que la acción se reanuda)

- Las perífrasis más frecuentes son las de infinitivo y las de gerundio. Estas son algunas de las perífrasis de infinitivo más comunes y su significado:
  - ***Empezar/Comenzar* + *a* + infinitivo** indica el comienzo de una acción:
    *Ayer **empecé a ver** una nueva serie.*
  - ***Volver* + *a* + infinitivo** indica la repetición de una acción:
    *María **ha vuelto a trabajar** después de tener a su hijo Luis.*
  - ***Dejar* + *de* + infinitivo** indica la interrupción o finalización de una acción:
    ***Dejé de trabajar** como reportero porque prefería ser el hombre del tiempo.*
  - ***Acabar* + *de* + infinitivo** indica la finalización reciente de una acción:
    ***Acaban de decir** en internet que el presidente ha dimitido.*
  - ***Estar a punto de* + infinitivo** indica el comienzo inminente de una acción:
    *El partido de fútbol **está a punto de terminar**. ¡Y mi equipo va a ganar!*

Fíjate:
No hay muchas perífrasis de participio. Una de las más comunes es ***llevar/tener* + participio**, que indica la parte realizada de una acción que aún no ha terminado: ***Llevo/Tengo hechos** dos ejercicios. Aún me quedan tres más.*

RAE

GRAMÁTICA

- En Argentina y en la zona rioplatense la perífrasis *acabar de* + infinitivo se suele sustituir por *recién* + verbo conjugado con el mismo significado: *Para cumplir con los 112 pagos mensuales del terreno hacen rifas y colectas. Admiten que el esfuerzo **recién comienza**, pero que vale la pena.*
- También en Argentina, la perífrasis *estar a punto de* + infinitivo se suele reemplazar por *estar por* + infinitivo:
  *Isabel **estaba por cumplir** 13 años cuando falleció su abuela.*
  Esta perífrasis en España tiene un significado diferente; indica la intención de realizar una acción:
  *Es más, **estoy por pedirte** que te quedes a pasar unos días aquí. Así tú te sentirías mejor.*
  También puede expresar una acción que aún no se ha realizado:
  *No lo celebró: "El trabajo **estaba por terminar**. No tenía nada que celebrar", dijo.*

1.1 Reformula las oraciones utilizando una perífrasis de infinitivo. Sigue el ejemplo.

Ejemplo: *Hoy he estudiado desde las nueve.* › *Hoy **he empezado a estudiar** a las nueve.*

1. Ayer jugué un partido de baloncesto. Hoy he jugado otro. ....
2. Antes tomabas mucho azúcar. Ahora no. ....
3. Ya son las dos menos cinco, y la clase acaba a la dos. ....
4. Mañana iré al supermercado. ....

1.2 **En parejas** Observa las imágenes y completa cada frase con una perífrasis de infinitivo.

Paco [1] .... por las noches.

El jarrón [2] ....

Miguel [3] ....

Paula [4] .... al colegio.

Matías [5] .... está lleno.

Elisa [6] .... su regalo.

2 Perífrasis de gerundio

- Las perífrasis de gerundio son **aspectuales**: independientemente del tiempo en el que esté el verbo auxiliar, indican que la acción principal está **en desarrollo**. La perífrasis de gerundio más común es ***estar*** **+ gerundio**:

  *Ahora **estoy viviendo** en Madrid.*
  *Ayer **estaba viendo** una serie cuando me llamaste.*
  *La semana pasada **estuve trabajando** hasta las tantas porque tenía muchísimo que hacer.*
  *En agosto **estaremos tomando** el sol en la playa.*

> Fíjate:
> En cada uno de los ejemplos anteriores el tiempo verbal es diferente (presente, pasado, futuro), pero en todos ellos se presenta la acción en desarrollo.

- La perífrasis ***seguir/continuar*** **+ gerundio** expresa una acción en desarrollo que comenzó anteriormente:

  *Mi trabajo en la radio **sigue/continúa siendo** muy emocionante.*

- La perífrasis ***llevar*** **+ (cantidad de tiempo) + gerundio** expresa la duración de una acción que empezó en el pasado (indicando su comienzo) y que continúa en el presente:

  ***Llevo dos años trabajando** como locutora.*

  En pasado indica solo la duración de una acción:

  ***Llevaba** dos horas **estudiando** cuando me llamaste.*

- La perífrasis ***ir*** **+ gerundio** expresa una acción que se desarrolla progresivamente:

  *Ya **voy entendiendo** estas ecuaciones de segundo grado.*

- La perífrasis ***andar*** **+ gerundio** indica discontinuidad, despreocupación y algunas veces tiene un matiz negativo:

  ***Anda contándoselo** a todo el mundo; es muy indiscreto.*

RAE

GRAMÁTICA

- En Argentina *estar* + gerundio expresa una acción en su transcurso, al igual que en el español peninsular, pero también puede expresar futuro cuando hay una referencia temporal de futuro: *"Buenísimo, ¿cuándo?" "En febrero". Me aclara que **se está yendo** a Nueva York por un mes y lo tranquilizo: "Tenemos tiempo".*
- En México *andar* + gerundio tiene una frecuencia de uso mucho mayor que en ningún otro país hispanohablante, sobre todo en el habla informal: *–¿Qué **andaba haciendo** ese nagual en esta parte del mundo? ¿**Andaba curando**?*

2.1 **En parejas** Elige la opción más adecuada fijándote bien en el contexto de la frase.

1. Empieza la segunda parte del partido. **Vamos/Continuamos/Estamos** retransmitiendo en directo.
2. **Estoy/Voy/Llevo** participando en este concurso más de tres meses y aún **sigo/estoy/ando** ganando.
3. ▶ ¿Qué **estás/vas/llevas** haciendo, Jaime? Te veo muy serio...
   ▷ Es que **vengo/estoy/llevo** dos horas con este ejercicio y no me sale.
4. **Está/Continúa/Anda** trabajando en varias novelas al mismo tiempo sin terminar ninguna.
5. **Llevo/Voy/Estoy** haciendo la comida y mientras tú **vas/estás/llevas** poniendo la mesa, ¿vale?

2.2 [28] **En parejas** Escucha y contesta a estas preguntas. Luego compara tus respuestas con tu compañero/a.

1. ¿Dónde está el periodista? ....
2. ¿De qué está informando? ....
3. ¿En qué momento se encuentra? ....

2.3 [28] **En parejas** Completa con la perífrasis de gerundio adecuada según el contexto. Luego escucha de nuevo para comprobar tu respuesta.

Aunque [1] .... (llover) con fuerza en el estadio, esto parece no importar ni a los jugadores ni a los asistentes. ¡Qué gran partido [2] .... (ver)! Increíble cómo [3] .... (jugar) estos deportistas. El partido está al rojo vivo, máximo interés. El equipo blanquiazul [4] .... (buscar) la victoria mucho tiempo y acaba de meter el tercer tanto. Faltan tan solo cinco minutos para el final, estamos a punto de terminar y los blanquiazules [5] .... (ganar). El resultado, de momento, Blanquiazules 3, Rojillos 2.

3 Oraciones causales

- Las oraciones **causales** indican la **razón o motivo** de una acción o situación y se construyen en **indicativo**:

  *Voy a dejar mi trabajo **porque quiero volver a estudiar**.*

- Los conectores causales más habituales son ***porque*** y ***como***. ***Como*** se usa para expresar la causa en primer lugar. En este caso, el hablante quiere hacer más hincapié en la causa que en la consecuencia:

  *Le hemos preguntado a su mujer **porque** no sabemos bien qué regalarle.*

  ***Como** no sabemos bien qué regalarle, le hemos preguntado a su mujer.*

- El conector ***por*** equivale a ***porque***, y se construye con un **sustantivo** o un **infinitivo**:

  *Hay mucho tráfico **por la lluvia**.* = *Hay mucho tráfico **porque llueve**.*

  *Le han castigado **por llegar tarde**.* = *Le han castigado **porque ha llegado tarde**.*

- Otros conectores causales son:

  – ya que – puesto que – dado que – en vista de que

  Estos conectores expresan una **causa** que **ya es conocida** por el interlocutor y pueden aparecer antes o después de la consecuencia:

  ***Ya que** no puedes venir a la fiesta, te invitaré el domingo a comer.*

  *Te invitaré el domingo a comer, **ya que** no puedes venir a la fiesta.*

- El conector ***a causa de*** es formal y suele ir seguido de un **sustantivo**:

  *No puedo trabajar **a causa de mi enfermedad**.*

3.1 **En parejas** Transforma estas oraciones causales utilizando el nexo propuesto. Haz los cambios de orden y categoría gramatical que sean necesarios.

1. Tengo hambre porque no he comido nada. (como)

   ....

2. Como veo mucho la televisión, me sé de memoria la programación. (porque)

   ....

3. No sé qué ha pasado porque no he visto las noticias. (por)

   ....

4. Puesto que tienes tiempo, ayúdame con mis deberes. (ya que)

   ....

5. Como ya la conocía, no la invité a mi presentación. (en vista de que)

   ....

6. Hubo una fuerte tormenta y tuvieron que cancelar el concierto. (a causa de)

   ....

7. Han convocado una reunión urgente porque han destituido al entrenador. (dado que)

   ....

4 Oraciones concesivas

- Las oraciones concesivas se usan para **presentar un obstáculo** que no impide que la acción principal se cumpla. ***Aunque*** es el nexo concesivo más común.
- Se usa ***aunque*** con **indicativo** cuando el obstáculo se presenta como un **hecho objetivo** o como **información nueva**:

  ▶ *¿Quieres un trozo de tarta?*

  ▷ *Bueno, probaré un poco,* ***aunque*** *a mí no me* ***va*** *mucho el dulce, la verdad.*
- Se usa ***aunque*** con **subjuntivo** cuando el obstáculo es una información compartida o el hablante no lo considera importante:

  ▶ ***Aunque*** *no te* ***vaya*** *mucho el dulce, seguro que te gusta, apenas lleva azúcar.*

4.1 Relaciona las columnas para formar frases con sentido.

1. No voy a dejarte mis llaves aunque...
2. Mañana iremos a la playa aunque...
3. Aunque vive bastante lejos,...
4. Mi hermana es más joven que yo, aunque...
5. Aunque dices que te gusta mucho cocinar,...

a. las predicciones son de mal tiempo.
b. siempre va a su trabajo caminando.
c. yo nunca te veo hacerlo.
d. todo el mundo me echa menos años a mí.
e. me prometas que no vas a perderlas.

4.2 Transforma las siguientes frases en tu cuaderno usando *aunque* con indicativo o subjuntivo. Fíjate en el ejemplo.

Ejemplo: *Parece despistado en clase, pero saca muy buenas notas.* ›
Aunque parece despistado en clase, saca muy buenas notas.

1. Era el mejor candidato, pero le dieron el puesto a otra persona.
2. Lleva muchos años en España, pero no habla muy bien español.
3. Sí, estás muy ocupada, pero tienes que recoger tu cuarto igualmente.
4. Ana y Bea se pasan el día discutiendo; sin embargo, siempre están juntas.
5. Es el más pequeño de todos los hermanos, pero es el más responsable.
6. Tienes mucha confianza con Juan, pero eso no te da derecho a hablarle mal.
7. Te vas a enfadar; sin embargo, no pienso hacerte caso.

Practica en contexto

1 **En parejas** Observa las siguientes imágenes. ¿Qué está pasando? ¿Por qué son noticia?

1.1 **En parejas** Relaciona los siguientes datos con las imágenes anteriores. ¿Has acertado en tus suposiciones? Después escribe un titular para cada una de las informaciones.

1 ☐ ________________

- Incendio en fábrica.
- No se conocen las causas.
- No hay víctimas.
- Grandes daños materiales.
- Los bomberos trabajan más de 24 horas.

2 ☐ ________________

- Maratón (42 km).
- Gran número de participantes.
- Victoria atleta desconocido.
- Celebración en la ciudad para apoyar a los deportistas en su recorrido.

3 ☐ ________________

- Una semana de lluvias sin parar.
- Inundaciones en diferentes puntos del país.
- Sin cambios para los próximos días.
- Recomendaciones de seguridad para la población.

4 ☐ ________________

- Festival de cine.
- Participan películas de géneros y nacionalidades distintos.
- Gran asistencia de actores y actrices famosos.
- Película española entre las favoritas de los críticos.

Recomendaciones para escribir una noticia

- El titular de una noticia suele ser **breve** e intenta captar la atención del lector/oyente/espectador.
- La información debe explicar la **causa** o **razón** de la noticia (junto al **qué**, **dónde**, **cuándo** y **cómo** sucedió):
  Se han registrado varias inundaciones, ***ya que*** *la lluvia continúa cayendo sin parar.*
- Las acciones se narran normalmente en presente o pretérito perfecto para indicar la **inmediatez** de la noticia:
  Continúan *las altas temperaturas y el tiempo se mantendrá sin cambios al menos durante esta semana.*
- Son habituales **las perífrasis** que especifican el comienzo, desarrollo, interrupción o repetición de una acción:
  El Real Madrid ***ha vuelto a ganar*** *en el Bernabéu.*
- Se usan conectores que ayudan a organizar la información: ***además, también, por una parte, por otro lado, sin embargo,*** etc.

1.2 **En parejas** Elige uno de los acontecimientos anteriores y elabora una noticia con la información de la que dispones. Añade otros datos inventados.

1.3 **Todo el grupo** Leed vuestra noticia al resto de los compañeros. ¿Cuál es la mejor organizada? ¿Y la que mejor explica la información? ¿Cuál está mejor escrita?

2 **Todo el grupo** Observa las fotografías que ilustran la siguiente entrevista. ¿Con qué noticia de la actividad 1 las relacionas? ¿Por qué crees que estas mujeres van vestidas de rosa?

2.1 **En grupos pequeños** Como puedes ver, en la entrevista faltan el titular, parte de las preguntas y los pies de foto. Trabaja con tus compañeros para completar los huecos. Luego compara el resultado con la entrevista original que te va a mostrar tu profesor/a.

Fíjate:
En las entrevistas es muy común encontrar como titular una frase relevante extraída del texto.

"[1] ...."

[2] ....
J. F.

▶ [3] ....

▷ Es una buena pregunta. En primer lugar porque me gusta, pero también porque para mí es una forma de vida, una filosofía. No entiendo la vida sin deporte.

▶ Para ganar una maratón, que es una competición de 42 kilómetros, [4] ....

▷ ¿Sacrificios? No, no es que se tengan que hacer sacrificios, llevo practicando deporte toda mi vida, es una pasión; pero sí es verdad que hay cosas que no me puedo permitir. Me levanto cada día muy temprano para correr. Llevo una dieta estricta y no tengo vacaciones. Hago ejercicio 365 días al año, nunca dejo de hacer deporte.

▶ Es muy interesante. Hace unos años correr era una actividad que pocos hacían. [5] ....

▷ Me parece bien que esté de moda. Creo que es una actividad sana y barata, no se necesita nada más que ropa deportiva y unas zapatillas. En ese sentido, creo que es un deporte muy fácil de practicar.

▶ [6] ....

▷ Aún no lo he pensado. Supongo que sí. Todavía estoy como en una nube, estoy disfrutando de mi victoria y no, por el momento no tengo planes para el futuro. No sé si volveré a repetir esta experiencia.

[7] ....

Expresiones idiomáticas con *estar*

- **Estar al día** › Estar bien informado, con la información actualizada.
- **Estar al rojo (vivo)** › Se refiere a una situación o acontecimiento que está en su momento de máximo interés.
- **Estar de moda** › Estar de actualidad o marcar tendencia.
- **Estar al caer** › Estar a punto de llegar o a punto de ocurrir.
- **Estar en el aire** › En radio o televisión, estar retransmitiendo en directo. También se dice cuando algo está pendiente y no se sabe si va a suceder o no.
- **Estar (como) en una nube** › Estar viviendo un sueño, un momento muy feliz.

RAE

LÉXICO

La expresión estar al caer cambia en las siguientes variantes:

- En el español de Argentina se usa estar por pasar: *Tenemos que irnos, Michel –dijo Chemir–,* ***está por pasar*** *el patrón y si nos encuentra aquí vamos a tener que pagar la consumición.*
- En el español de México y Centroamérica se usa estar por caer: *No sé qué hacer, es de noche y para salir de aquí es demasiado largo. Para ir al pueblo más cercano tenemos que esperar a Willy,* ***está por caer.***

3 **Todo el grupo** ¿Conoces a estas personas? ¿Sabes de dónde son y a qué se dedican? ¿Qué tienen todos en común?

3.1 Relaciona cada información con el personaje al que crees que se refiere.

1. ☐ Aunque todos la conocen como "la Reina de la Televisión Hispana", esta periodista puertorriqueña es también una activista muy comprometida con el medioambiente y los derechos de los animales.
2. ☐ Esta cantante española ha obtenido reconocimiento mundial gracias a su original estilo, que mezcla el flamenco con el trap, el hiphop o la música electrónica. Aunque ha recibido ya varios premios Grammy, con 15 años se presentó a un programa musical y no logró pasar las pruebas.
3. ☐ Aunque apenas ronda los 40, es el director de la Orquesta Filarmónica de Los Ángeles y está considerado como la máxima representación de la música clásica y la dirección de orquestas.
4. ☐ Es "el Príncipe del Reguetón", pero este cantante y productor colombiano escuchaba a los 10 años grupos de *rock* como Sepultura, Red Hot Chili Peppers y Nirvana.
5. ☐ Aunque nació y se crio en el Bronx, esta jueza de origen puertorriqueño se convirtió en la primera persona de origen hispano en ocupar una bancada en la Corte Suprema de Estados Unidos.
6. ☐ Está considerado uno de los mejores deportistas de la historia. Tiene varias manías: alinear siempre de la misma forma sus botellas de agua o no pisar nunca las líneas de la pista cuando la pelota no está en juego son algunas de ellas.

3.2 **En parejas** Dos de los personajes anteriores han trabajado juntos, ¿quiénes crees que son? Coméntalo con tu compañero/a. Justifica tu respuesta.

Fuente: www.que.es

3.3 **En parejas** Decide a cuál de estos personajes te gustaría entrevistar. Investiga sobre su vida y elabora un cuestionario de unas cinco o seis preguntas. Luego elige un papel, entrevistador/a o personaje, y con tu compañero/a representa la entrevista ante la clase. ¿Cuál ha sido la más interesante? ¿Y la más divertida?

4 **En grupos pequeños** Lee los titulares de estas noticias y debate con tus compañeros cuál puede haber sido la causa.

4.1 [29] Escucha y comprueba si has acertado en tus hipótesis.

5 **En parejas** ¿Qué imagen de las siguientes te identifica a la hora de ver la tele? ¿Siempre ha sido así? ¿Por qué ha cambiado? Coméntalo con tu compañero/a.

5.1 **En parejas** ¿Estamos ante una nueva era en la forma de ver la televisión? Marca las afirmaciones que se correspondan con la tendencia actual según tu opinión.

1. ☐ La tele se ve en familia, en el sofá, a la hora de cenar.
2. ☐ La tele se ve solo en un móvil o tableta.
3. ☐ Las series de televisión se comentan en las redes sociales.
4. ☐ Las series se comentan solo con los amigos en el trabajo o en la escuela.
5. ☐ El espectador puede elegir cuándo y qué ver.
6. ☐ El espectador se adapta a los contenidos de una programación fija.

5.2 **En grupos pequeños** Lee el texto y comprueba tus respuestas anteriores. Si no estás de acuerdo con alguna afirmación, rectifícala o matízala con la información que tú creas correcta y coméntalo con tus compañeros.

Rectificar o matizar una información o suposición previa

- ***no porque*** + subjuntivo, ***sino porque*** + indicativo
  *Voy al cine **no porque** me guste, **sino porque** quiero acompañarte.*
- ***no es que*** + subjuntivo, ***es que*** + indicativo
  ***No es que** no te crea, **es que necesito** una confirmación oficial.*

La nueva era de la televisión

Antes la tele se veía en familia, en el sofá, y luego se hablaba de lo que se había visto con los compañeros del trabajo o en la escuela. Ahora la tele se ve solo, en la tableta o en el móvil, y se comenta en las redes sociales. La televisión es uno de los medios que en poco tiempo ha vivido una revolución.

La llegada de internet ha cambiado la forma de ver la televisión, su audiencia, el modelo de negocio, pero también la experiencia. Ahora el usuario puede elegir qué ver, cuándo lo ve y en qué dispositivo.

Hay mucha más libertad para el espectador, que puede decidir, por ejemplo, qué serie ver y cuántos capítulos ver en una sola sesión.

Además, en su experiencia televisiva puede elegir los subtítulos o el idioma, pero también opciones de contenidos basadas en sus gustos.

Las cadenas tradicionales buscan una salida entre el modelo clásico y el moderno ofreciendo contenidos a la carta a través de su página web. Esto quiere decir que se pueden ver los programas de la cadena en el momento en que se desee. Para ello es necesario tener una televisión "inteligente" con conexión a internet.

Fuente: https://www.uoc.edu/portal/es/news/actualitat/2017/195-aniversario-netflix.html

5.3 **Todo el grupo** Comenta tus gustos a la hora de ver la televisión y qué series son tus preferidas.

La palabra del año

1 ¿Qué crees que tienen estas palabras en común? Marca las opciones correctas según tu opinión.

selfi | populismo | refugiado | escrache

1. ☐ Son palabras que se han empezado a usar recientemente.
2. ☐ Son palabras que han aparecido frecuentemente en los medios informativos.
3. ☐ Las cuatro han ganado un concurso anual de palabras.
4. ☐ Son palabras muy populares.

2 **Todo el grupo** Entre todos, definid las cuatro palabras anteriores. Fijaos bien en las imágenes para deducir su significado. Luego leed el texto para comprobar vuestras respuestas.

La palabra del año

Anualmente, desde 2013, la Fundación del Español Urgente (FundéuRAE) elige una palabra, *la palabra del año*, entre aquellas que han marcado la actualidad informativa del año en curso. Eligen términos que han estado presentes en los medios de comunicación y que ofrecen interés desde el punto de vista lingüístico. Son términos que han sido objeto de alguna de las recomendaciones que diariamente publica la FundéuRAE.

Hay veces en las que la palabra elegida es de nueva creación, pero en otras ocasiones son palabras adaptadas de lenguas extranjeras o que simplemente han adquirido un nuevo uso.

En los últimos años han ganado este honor los términos *escrache* (palabra que se forma a partir del verbo *escrachar*, propio del español de Argentina, que significa 'dejar en evidencia a alguien' y que se usa para aludir a las manifestaciones que se convocan frente a los domicilios de los políticos y otros personajes públicos para protestar por algo), *refugiado* ('persona que, a consecuencia de guerras, revoluciones o persecuciones políticas, se ve obligada a buscar refugio fuera de su país'), *populismo* (palabra que ha evolucionado a lo largo del tiempo y que ha tomado últimamente connotaciones negativas, pues se refiere a la tendencia de algunos políticos de cualquier

ideología a recurrir a los sentimientos del ciudadano y ofrecer soluciones simples a problemas complejos), *selfi* (adaptación española de la palabra inglesa *selfie*), *aporofobia* ('rechazo a los pobres') o *microplástico* (palabra que designa los pequeños fragmentos de plástico que se han convertido en una amenaza para el medioambiente y la salud).

Adaptado de https://www.fundeu.es/

La Fundación del Español Urgente –FundéuRAE– es una institución sin ánimo de lucro que tiene como principal objetivo impulsar el buen uso del español en los medios de comunicación.

Mediante recomendaciones diarias y respuestas a las consultas que recibe, pretende ser una herramienta que ayude a quienes utilizan el idioma en su actividad diaria en los medios de comunicación, las redes sociales o las nuevas plataformas digitales.

Adaptado de https://www.fundeu.es/Sobrefundeubbva/quienes-somos/

3 **Todo el grupo** **Juega en clase a *la palabra favorita*. Presenta una palabra candidata, justificando tu elección. La que reciba más votos será la palabra ganadora.**

Vídeo

Cartelera DE CINE

AzulOscuroCasiNegro

Sinopsis

El padre de Jorge sufrió un infarto cerebral hace siete años y no ha podido recuperarse. Jorge ha heredado su trabajo de portero. Desde entonces, este lucha contra un destino que parece inevitable. En los últimos años se ha esforzado por hacer su trabajo: cuidar de su padre y estudiar una carrera. Ahora que ha terminado Empresariales, su deseo es encontrar un puesto acorde a sus estudios. A través de su hermano Antonio, que está en prisión, conoce a Paula, con quien iniciará una extraña relación que lo impulsará a dejar de sentirse responsable de todo y a enfrentarse a sus deseos.

Antes de la secuencia

1 **En parejas** Observa las imágenes que tienes a continuación. Describe cada una de ellas y relaciónalas con la información correspondiente de la sinopsis de la película. Trabaja con tu compañero/a.

1.1 **En parejas** Fíjate en la imagen 3. ¿Crees que a Jorge le gusta lo que está haciendo? ¿Cuáles crees que son los inconvenientes de trabajar como portero?

Durante la secuencia

2 **En grupos pequeños** Visiona la secuencia completa. ¿Cuántos personajes podemos ver? ¿Dónde están? ¿Qué les pasa?

3 Ordena la entrevista de trabajo que hace Jorge y luego mira el fragmento 02:50 ▶ 03:20 para comprobar tus respuestas.

- [11] Entrevistador: ¡Ah!
- [ ] Jorge: Estoy trabajando.
- [ ] Entrevistador: ¿Con qué?
- [ ] Entrevistador: Aquí no aparece experiencia laboral.
- [ ] Jorge: Bueno, soy portero.
- [ ] Entrevistador: ¿De fútbol?
- [ ] Jorge: Es que he estado compaginándolo.
- [1] Entrevistador: Siete años para terminar la carrera.
- [ ] Jorge: No, de portería, de vivienda.
- [ ] Entrevistador: ¿Y en qué trabaja? ¿En qué sector?
- [ ] Jorge: Es que no está relacionado con el sector.

4 Mira el fragmento 03:57 ▶ final y contesta a las preguntas.

> Recuerda:
> El condicional se usa para hablar de situaciones imaginarias o hipotéticas.

1. ¿Qué le puede pasar a Jorge, según el entrevistador, si lo aceptan en ese nuevo trabajo?
2. ¿Dónde tendría que ir a vivir?
3. ¿Cuántas horas semanales tendría que trabajar en ese puesto?
4. ¿Qué opina el director de la empresa sobre el cuidado del padre?
5. ¿Qué condiciones laborales tiene su trabajo como portero?
6. ¿Por qué no le gusta trabajar como portero?
7. ¿Qué respuesta recibe por parte de la empresa?

Después de la secuencia

5 **Todo el grupo** Has visto dos entrevistas de trabajo a las que ha asistido Jorge. ¿Crees que es apropiado hacer preguntas personales en este tipo de entrevistas? ¿Por qué?

6 **Todo el grupo** Jorge es rechazado repetidas veces en su búsqueda de empleo. ¿Qué consejos le darías para que por fin logre superar una entrevista?

7 **Todo el grupo** Como has visto, Jorge tiene expectativas debido a su cualificación, pero finalmente no alcanza todo lo que desea en la vida. ¿Piensas que esto refleja la situación actual de los jóvenes en el mundo? ¿Cómo es la situación en tu país?

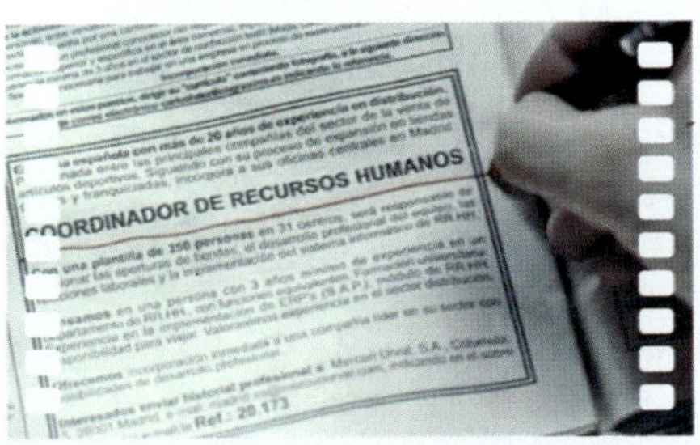

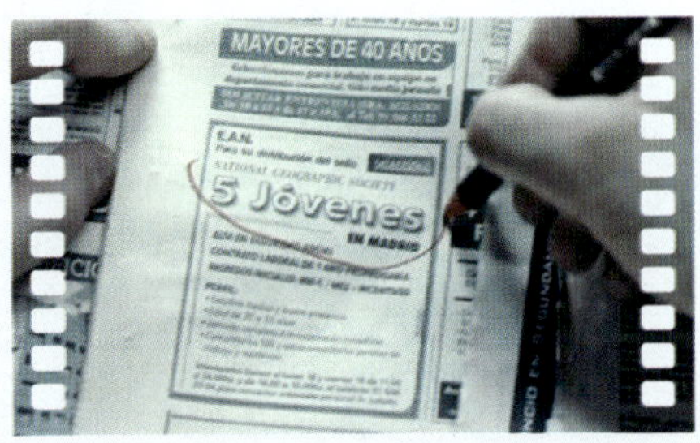

Evaluación

1 Completa las frases con los verbos del recuadro en el tiempo correcto.

informar | enterarse | desmentir | estar | fiarse

1. Hace unos minutos el portavoz del Gobierno .... la noticia acerca de la subida del precio del petróleo. No es cierto lo que te han dicho.
2. ¿........................... (tú) del resultado del partido de fútbol de esta tarde?
3. Yo normalmente no .... de las noticias que aparecen en chats.
4. Algunas redes sociales .... de noticias falsas.
5. El debate sobre el cambio climático en televisión .... al rojo vivo. Hay división de opiniones.

2 Escribe una definición de las siguientes palabras.

1. Locutor/a › ....
2. Crítico/a de cine › ....
3. Estreno › ....
4. Telediario › ....
5. Oyente › ....
6. Rumor › ....

3 Completa la conversación entre dos amigas formando las perífrasis apropiadas en el tiempo correcto.

volver | estar | empezar | acabar | seguir | dejar

Virginia: ¿Qué serie [1] .... viendo?

Raquel: La misma que la semana pasada, [2] .... viendo *Aburridos*. Está muy bien. ¿Y tú?

Virginia: El otro día [3] .... a ver una serie nueva sobre una familia que viaja por el espacio, pero [4] .... de verla porque era demasiado lenta. Prefiero cuando hay un poco más de acción.

Raquel: Yo también, pero mis series favoritas son las históricas. Recuerdo una que vi sobre la vida de los reyes. Creo que, si la encuentro en mi canal, [5] .... a verla.

Virginia: ¡Qué coincidencia! Justo [6] .... de empezar a ver una serie histórica. Solo he visto el primer capítulo.

Raquel: Pues, si me dices qué serie es, podemos verla juntas.

Virginia: ¡Venga! Se llama *Castillos en la arena* y está genial, de verdad.

4 Lee el texto y completa con el conector causal adecuado. En algunos casos hay varias opciones posibles.

El periodismo del siglo XXI ha cambiado por completo, no [1] .... hayan pasado los años, sino [2] .... el usuario ya no es solo receptor de la información, también opina e informa. Esta nueva situación trae consigo ventajas e inconvenientes [3] .... permite a los medios ser más dinámicos, pero extiende los rumores a través de las redes [4] .... lo fácil que resulta publicar cualquier noticia. [5] .... todo el mundo puede crear información, saber distinguir entre lo que es real y lo que es falso resulta en muchos casos una misión imposible.

5 Completa las frases con las expresiones idiomáticas con *estar* que has estudiado.

1. A mi padre le gusta estar .... de la información deportiva.
2. Las gafas que compré parece que están .... porque todo el mundo las lleva.
3. Pedro no ha llegado aún pero debe estar ....
4. Desde que mi hermano sale con Alicia, está ...., lo veo muy feliz.
5. No es seguro que vayamos a Barcelona de vacaciones. La decisión está todavía ....

6 Completa libremente las siguientes oraciones concesivas.

1. Hay gente que se informa de lo que sucede a través de las redes, aunque ....
2. Muchos jóvenes prefieren ver las películas en su tableta u ordenador, aunque ....
3. Aunque en mi casa se compra el periódico todos los días, ...
4. Aunque la televisión de hoy en día ofrezca muchas posibilidades, ...
5. Dicen que la radio es un medio de comunicación un poco anticuado, aunque ....
6. Aunque en casi todas las casas tenemos televisión, ...

7 Observa esta fotografía. ¿Qué está pasando? ¿Por qué? Escribe en tu cuaderno una historia basada en la imagen. En tu texto deben aparecer dos perífrasis de infinitivo, dos de gerundio y una frase con *aunque* + subjuntivo.

8 Define con tus palabras los siguientes términos.

1. Refugiado/a: ....
2. Populismo: ....
3. Escrache: ....

9 Analiza tu aprendizaje y marca la opción que más se acerca a tu experiencia.

Después del trabajo con la unidad, soy capaz de...	Mucho	Bastante	Un poco	Nada
1. hablar de los medios de comunicación en la actualidad.	☐	☐	☐	☐
2. escribir una noticia.	☐	☐	☐	☐
3. explicar y entender la causa de lo que sucede.	☐	☐	☐	☐
4. rectificar una información o suposición previa.	☐	☐	☐	☐
5. expresar un obstáculo que, sin embargo, no impide la realización de un hecho.	☐	☐	☐	☐
6. expresar valores de modo y aspecto mediante las perífrasis verbales.	☐	☐	☐	☐

Unidad 8

Fíjate en la imagen principal; ¿quiénes crees que son? ¿Qué ha pasado?

¿Cómo serán las ciudades del futuro?

¿Crees que desaparecerán los objetos que usamos ahora? ¿Cuándo?

¿Sabías que a los madrileños se les llama *gatos*? ¿Imaginas por qué?

¿Qué habrá pasado?

En esta unidad vas a...

- Hacer hipótesis sobre el presente y el pasado
- Hacer predicciones sobre el futuro
- Expresar posibilidad
- Hablar de la finalidad de objetos y acciones
- Conocer datos curiosos de Madrid (España)

¿Qué sabes?

1 **Todo el grupo** Mira estos objetos antiguos. ¿Sabes cómo se llamaban y para qué servían?

....	....	....

1.1 **En parejas** Estos son los objetos actuales que sustituyen a los anteriores. Describe las diferencias que observas entre ellos en cuanto a la forma, el material, su uso, etc. Trabaja con tu compañero/a.

	Bicicleta	Lápiz de memoria	Consola
Antes	Forma: .... Material: .... Uso: .... Otros:	Forma: .... Material: .... Uso: .... Otros:	Forma: .... Material: .... Uso: .... Otros: ....
Ahora	Forma: .... Material: .... Uso: .... Otros:	Forma: .... Material: .... Uso: .... Otros:	Forma: .... Material: .... Uso: .... Otros: ....

1.2 **Todo el grupo** Comenta con tus compañeros cuál de estos objetos es el que ha experimentado un mayor avance según tu opinión. Justifica tu respuesta.

2 **Todo el grupo** Imaginar el futuro es algo propio del ser humano. ¿Cómo crees que imaginaban nuestra época las personas de principios del siglo XX? Haz hipótesis con tus compañeros sobre estos temas: sociedad, salud, transporte y entretenimiento.

2.1 **En parejas** Lee el siguiente artículo y compara lo que realmente pensaban con vuestras hipótesis anteriores. ¿Habéis coincidido en alguna? ¿Acertaron en alguna predicción?

Cómo imaginaban el SIGLO XXI en los AÑOS 30

Coches voladores, catástrofes climáticas, igualdad de derechos para todos, revolución robótica… La humanidad siempre ha tendido a mirar hacia el futuro, arriesgarse y hacer predicciones que bien pueden cumplirse o no. En el año 1932, en España, las figuras más prestigiosas de cada actividad imaginaron cómo serían los 2000 e hicieron sus propias predicciones. Ha sido la Biblioteca Nacional la que ha compartido algunos de estos testimonios a través de su cuenta de Twitter.

Una de las predicciones que comparten es la de Catalina Bárcena, actriz, que creía que "mucho antes del año 2000, el cine habrá dado muerte al teatro […] y entonces habrá que reinventar el teatro nuevamente", afirmaba.

En cuanto al desarrollo científico y tecnológico, se hablaba ya entonces de un asistente personal en forma de "hombre mecánico": un robot que "por poco dinero […] lo mismo nos llevará la contabilidad que nos encenderá el fuego de la cocina".

En el campo de la tecnología, creían que "se podrá volar a 1500 kilómetros por hora" y que "los aparatos podrán quedarse quietos en el aire".

También dio su opinión el doctor Gregorio Marañón, que lo veía muy claro: "No se morirá nadie por enfermedades infecciosas y solo habrá enfermos del sistema nervioso, el corazón y las arterias".

Visto este tema desde el exterior, de España se creía que sería un país de "cuarenta millones de habitantes, nudo de las comunicaciones internacionales y país de grandes riquezas". Todas estas y muchas más predicciones se pueden ver en la cuenta de @BNE_biblioteca.

Adaptado de https://www.eldiario.es/rastreador/corridas-igualdad-genero-monarquias-imaginaban_6_802179778.html

2.2 **En parejas** Fíjate en la siguiente frase que aparece en el texto: "el cine habrá dado muerte al teatro". Analiza la forma verbal y con tu compañero/a responde a estas preguntas.

1. ¿A qué momento se refiere ese tiempo verbal? ....
2. ¿Para qué se usa en el texto? ....
3. ¿Cómo crees que se llamará este tiempo si analizas su forma? ....

2.3 **En grupos pequeños** Haz predicciones con tus compañeros sobre cómo imagináis el mundo dentro de cien años en relación con los siguientes temas: sociedad, salud, transporte y entretenimiento. ¿Qué predicciones te parece que es más probable que se cumplan?

Palabras

1 **En parejas** ¿Sabes el nombre de estos objetos? ¿Para qué sirven?

A

B

C

D

E

F
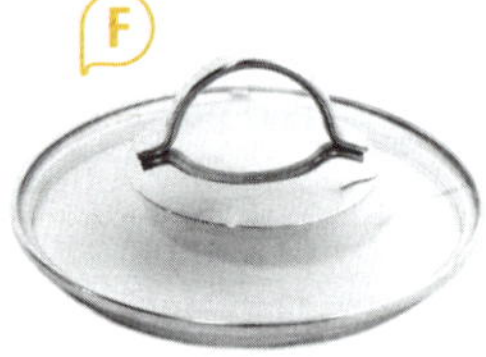

G

H

1.1 **En parejas** Relaciona estas palabras con su definición correspondiente. ¿En qué objetos de la actividad anterior se encuentran?

Objeto(s) ____	1. mango	a. Parte extrema de un objeto que puede pinchar.
Objeto(s) ____	2. boca	b. Parte abierta que hace de entrada y salida.
Objeto(s) ____	3. tapa/tapón	c. Abertura circular que atraviesa algo de parte a parte.
Objeto(s) ____	4. asa	d. Parte alargada por la que se puede agarrar un objeto.
Objeto(s) ____	5. punta	e. Parte con forma semicircular que sirve para agarrar utensilios.
Objeto(s) ____	6. agujero	f. Pieza que cierra los recipientes por la parte superior.

Fíjate:

- Para hablar de la **forma**:
  - *Tiene forma de* + sustantivo
    *Esa caja **tiene forma de** huevo.*
  - *Tiene forma/Es* + adjetivo
    *La mesa **tiene forma/es** triangular.*
- Para hablar del **material**:
  - *Está hecho(a)/Es de* + material
    *Este jersey **está hecho/es de** lana.*
- Si no se sabe el nombre o la forma del material puedes usar *es como/similar a... pero...*:
  Es como un plato, pero ovalado y más grande.

1.2 **En parejas** Clasifica estas palabras en la tabla. Luego, con tu compañero/a, añade tres más a cada categoría. Puedes usar el diccionario.

rectangular | plástico | triangular | corto/a | piedra | horizontal | estrecho/a | madera | vertical | cuadrado | diagonal | tela | plano/a | cartón | círculo | recto/a | aluminio | rectángulo | circular | ancho/a | largo/a | alargado/a | metal | cuadrado/a | triángulo

Formas y figuras		Materiales
Sustantivos	Adjetivos	

1.3 **En grupos pequeños** Elige un objeto de la clase y descríbeselo a tus compañeros sin decir para qué sirve. Usa las palabras que has aprendido. Tus compañeros tienen que adivinar de qué objeto se trata.

2 La *reutilización creativa* consiste en dar otro uso a cosas viejas, usadas o estropeadas. Vas a leer algunos ejemplos de creaciones hechas con material reciclado. ¿Qué han usado? Relaciona algunos de estos objetos con su texto correspondiente.

- [ ] cajones
- [ ] mangos de sartén
- [ ] tapones de tubo de crema
- [ ] tapones de bolígrafo
- [ ] cordones de zapatillas usadas
- [ ] corchos de botella de vino
- [ ] latas
- [ ] estanterías de frigorífico
- [ ] botellas de plástico
- [ ] pinzas para la ropa
- [1] botes de cristal
- [ ] etiquetas de ropa
- [ ] cajas de zapatos
- [ ] tambores de lavadora
- [ ] ruedas de coche

1. Lara Yo, después de comerme la mermelada, los empleo para hacer lámparas. Un pequeño agujero en la tapa para pasar el cable y listo.

2. Fer Yo no las tiro nunca; hago muchísimas cosas con ellas: las utilizo de macetas para plantas, para hacer coches de juguete..., incluso como figuras para decorar el jardín. Son muy útiles y, como son de plástico, son muy fáciles de manipular.

3. Tomás No es lo más ingenioso, en el colegio ya lo hacíamos, pero yo siempre las guardo para utilizarlas como botes para lápices, pequeñas macetas, portavelas... Mis hijos se lo pasan genial pintándolas.

4. Sara Cuando tengo que cambiarlas, les pongo un trozo de madera en el agujero y unas patas, y sirven como sillas para el jardín. Son muy resistentes, como son de goma...

5. Juan Acababa de ver la idea en internet cuando se estropeó la nuestra, así que se lo quité para usarlo como barbacoa. Eso fue lo más difícil. Luego solo tuve que ponerle una parrilla encima y unas patas debajo y ya estaba listo. Facilísimo y barato.

6. Tania Iba a tirar un mueble y me fijé en su capacidad. Los saqué, los llené de tierra y planté hierbas aromáticas. Los puse en la terraza uno encima de otro. Un amigo me dijo que había visto una idea parecida en un restaurante muy famoso. ¡A todo el mundo le encantan!

2.1 **En grupos pequeños** Elige dos objetos de la lista anterior e inventa un uso que les permita alargar su vida. Trabaja con tus compañeros de grupo.

2.2 **Todo el grupo** Presentad vuestras creaciones a la clase. ¿Qué son ahora y para qué sirven? Después, entre todos, elegid la reutilización más original de las que se han presentado.

A mí se me ha ocurrido que las pinzas de la ropa, las que son de madera, ¿sabéis?; pues que se pueden pintar de colores y pegarles, cuando estén ya secas, un pequeño imán por detrás. Así se podrían utilizar en una pizarra magnética para colgar fotos o notas.

Gramática

1 Futuro compuesto

- El **futuro compuesto** es un tiempo verbal que se forma con el verbo auxiliar *haber* en **futuro simple** y el participio del verbo principal:

	Estudiar	Entender	Repetir
yo	**habré** estudiado	**habré** entendido	**habré** repetido
tú	**habrás** estudiado	**habrás** entendido	**habrás** repetido
él, ella, usted	**habrá** estudiado	**habrá** entendido	**habrá** repetido
nosotros/as	**habremos** estudiado	**habremos** entendido	**habremos** repetido
vosotros/as	**habréis** estudiado	**habréis** entendido	**habréis** repetido
ellos, ellas, ustedes	**habrán** estudiado	**habrán** entendido	**habrán** repetido

> Recuerda:
> - El participio no cambia de género ni de número:
> *yo habré **leído**/ella habrá **leído**/ellos habrán **leído**...*

- Recuerda que algunos participios irregulares son:

abrir	› **abierto**	hacer	› **hecho**	romper	› **roto**
decir	› **dicho**	morir	› **muerto**	ver	› **visto**
escribir	› **escrito**	poner	› **puesto**	volver	› **vuelto**
cubrir	› **cubierto**	resolver	› **resuelto**	descubrir	› **descubierto**

- El futuro compuesto se usa para indicar una **acción futura anterior** a otra **acción** o **momento** también **futuros**:

  *El lunes que viene haré un trabajo de historia con María en la biblioteca. Antes de que cierre ya **habremos terminado**.*

- Se usa también para **expresar hipótesis** sobre sucesos del **pasado reciente**, es decir, dentro de un marco temporal que no se considera aún terminado. En este caso, el futuro compuesto equivale al pretérito perfecto:

  *Se **habrá enfadado** con su novia y por eso tiene esa cara.*
  *¿Dónde **habré puesto** el móvil?*

RAE GRAMÁTICA

En el español de América (Uruguay, Argentina, Paraguay...) es posible usar el pretérito indefinido en lugar del futuro compuesto para expresar una acción futura anterior a otra acción o momento futuros:
*De seguir así, a la semana que viene ya **corrí** los 40 kilómetros.*

1.1 Completa las siguientes oraciones con la forma correcta del futuro compuesto y marca si se refieren al futuro (F) o al pasado hipotético (P).

1. Llámame luego, que ya .... (yo, hablar) con Pedro y sabré qué pasa. .... F P
2. .... (Nosotros, hacer) algo mal, porque ahora no funciona. .... F P
3. .... (Ella, perderse); ya debería estar aquí. .... F P
4. Cuando llegues, ... (ellos, terminar), no te preocupes. .... F P
5. Parece nervioso, ... (él, ver) algo raro. .... F P
6. Mañana, a estas horas, ya se .... (ellos, casarse). .... F P

1.2 **En parejas** ¿Qué crees que les ha pasado a estas personas? Haz hipótesis usando el futuro compuesto.

2 Hacer predicciones: futuro simple/futuro compuesto

Se pueden hacer **predicciones** tanto con el futuro simple como con el compuesto:

- **Con el futuro simple** situamos la predicción **en el futuro**:

  *Según algunos estudios, en 2050 la población mundial **será** el triple de la actual.*

- **Con el futuro compuesto** se expresa **la anterioridad** de la predicción con respecto al **futuro**:

  *Algunos creen que en 2050 ya **habremos descubierto** un planeta con condiciones suficientes para desarrollar la vida.*

2.1 Completa estas predicciones científicas con la forma correcta del futuro simple o compuesto según corresponda.

Me atrevo a pronosticar qué [1] **ocurrirá/habrá ocurrido** y qué no cuando lleguemos a la década de los sesenta. No [2] **conoceremos/habremos conocido** cómo se originó el universo, pero sí [3] **resolveremos/habremos resuelto** el misterio de la energía oscura y [4] **sabremos/habremos sabido** por qué el universo se expande de forma acelerada. Se [5] **viajará/habrá viajado** a la Luna de vacaciones, pero no se [6] **llegará/habrá llegado** a Marte todavía. El petróleo barato se [7] **acabará/habrá acabado** y [8] **usaremos/habremos usado** energías alternativas como la solar.

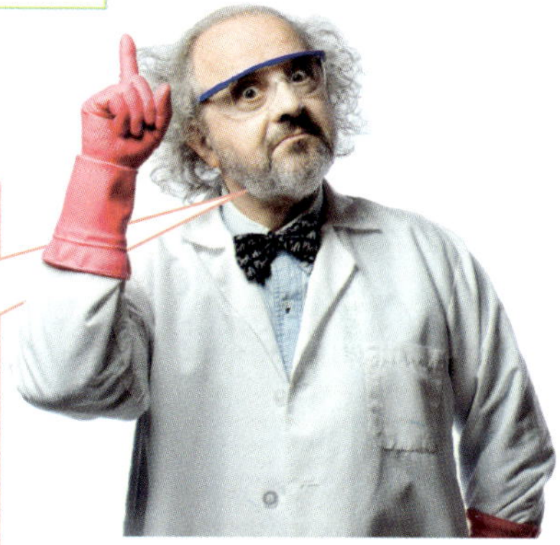

2.2 **En parejas** Piensa qué habrá ocurrido en el mundo en la década de los sesenta respecto a estos temas y escribe tus predicciones. Luego compáralas con las de tu compañero/a. ¿Coincidís?

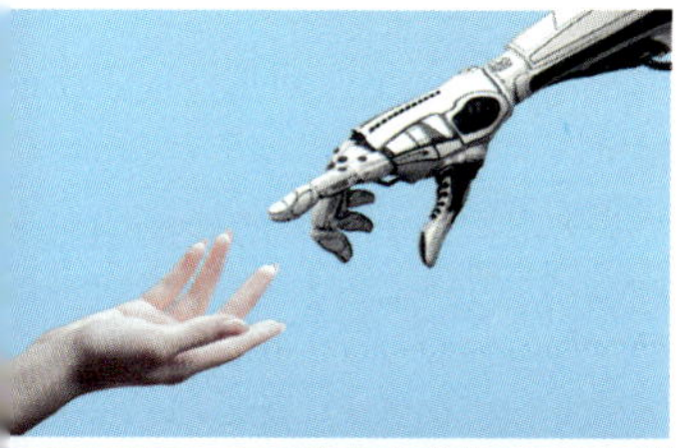

1. Relaciones entre humanos y robots

   ....

   ....

2. Clima

   ....

   ....

3. Transporte

   ....

   ....

> Fíjate:
> En las expresiones que pueden llevar indicativo o subjuntivo, si el hablante usa el indicativo, cree que su suposición es más probable que si usa el subjuntivo.

> RAE
> GRAMÁTICA
> En el español de América (R. Dominicana, Uruguay y Venezuela) también se usa *de repente* con el significado de *posiblemente*: *Por mi barrio hay un joyero que **de repente** lo puede arreglar… Mañana mismo se lo llevo.*

3 Hacer hipótesis y expresar probabilidad con indicativo y subjuntivo

Cuando queremos hacer **hipótesis** y expresar **probabilidad**, usamos las siguientes expresiones:

- Con **indicativo**:
  - a lo mejor
  - lo mismo
  - igual
- Con **indicativo y subjuntivo**:
  - quizá(s)
  - tal vez
  - probablemente
  - posiblemente
  - seguramente
- Con **subjuntivo**:
  - puede (ser) que
  - (no) es + posible / probable / imposible + que

A lo mejor Laura no *viene* porque está enferma.
Tal vez hay/haya menos tráfico porque es domingo.
Probablemente tengamos/tenemos/tendremos buen tiempo este fin de semana.
Puede que le dé vergüenza y por eso se *haya puesto* rojo.

> Fíjate:
> Para referirte a un pasado reciente en subjuntivo, puedes utilizar el **pretérito perfecto de subjuntivo**, que se construye con el verbo *haber* en presente de subjuntivo y el participio del verbo principal. Equivale, en subjuntivo, al pretérito perfecto de indicativo:
> ▶ *¿Por qué está enfadado Antonio?*
> ▷ *Ha llegado tarde y le han llamado la atención.*
> ▷ *Puede que **haya llegado** tarde y que le **hayan llamado** la atención.*

3.1 **En parejas** Completa estas hipótesis con el tiempo verbal correcto. ¿Con qué misterio de los representados en las imágenes las relacionas?

1. ☐ Tal vez .... (ser) los espíritus de personas del pasado.
2. ☐ A lo mejor los espíritus .... (querer) asustarnos.
3. ☐ Es posible que .... (ser) aviones secretos del ejército.
4. ☐ Puede que .... (ser) alucinaciones de gente que echa de menos a sus familiares.
5. ☐ Probablemente .... (venir) para comunicarse con nosotros.
6. ☐ Lo mismo .... (ser) luces producidas por satélites.

3.2 Ahora escribe en tu cuaderno una hipótesis sobre cada uno de los temas anteriores usando otros marcadores de probabilidad.

4 Contraste futuro simple/futuro compuesto/condicional para expresar hipótesis

- Con el **futuro simple** se expresan hipótesis referidas al **presente**:
  ▶ *¿Cuántos años tiene?* ▷ *No sé, no **tendrá** más de 30.*
- Con el **futuro compuesto** se expresan hipótesis referidas al **pasado reciente**:
  ▶ *¿Sabes dónde está Javier? No ha venido todavía.*
  ▷ ***Se habrá puesto** enfermo; él nunca llega tarde.*
- Con el **condicional** se expresan hipótesis referidas al **pasado**:
  ▶ *¿Por qué no vino Eloísa a la reunión?*
  ▷ ***Estaría trabajando** o **se le olvidaría**, últimamente está muy estresada.*

4.1 **En parejas** Piensa en una persona famosa y, con tu compañero/a, describe cómo creéis que es su vida normalmente y cómo pueden haber sido sus dos últimos días: ayer y hoy. El grupo tiene que adivinar de qué persona se trata analizando vuestras hipótesis.

5 Oraciones finales

- Para expresar la **función de un objeto** o el **objetivo de una acción**, se usa la preposición *para*. Hay dos construcciones diferentes:
  - Si ambos verbos tienen el **mismo sujeto**, se usa *para* + infinitivo:
    La NASA viajará a Marte ***para*** *explorar el planeta.* (La NASA quiere explorar Marte).
  - Si los verbos tienen **diferentes sujetos**, se usa *para que* + subjuntivo:
    La ciencia está trabajando ***para que*** *tengamos un futuro mejor.*
    (**La ciencia** quiere que **nosotros** tengamos un futuro mejor).
- Además de *para*, existen otras **expresiones de finalidad**:
  - En **contextos formales** puedes usar ***con el fin/el objetivo/el propósito/la finalidad de (que)***:
    Se realizarán obras ***con el fin de que*** *los clientes disfruten de mejores instalaciones.*
  - Con **verbos de movimiento** es frecuente utilizar la preposición ***a***:
    Vinieron ayer ***a*** *verte, pero no estabas.* *Ve al médico* ***a*** *que te recete algo para la gripe.*

> Fíjate:
> Estos marcadores siguen la misma estructura que *para*, es decir, infinitivo si los sujetos son iguales y subjuntivo si son diferentes.

5.1 Transforma estas oraciones causales en oraciones finales con *para*.

1. Están trabajando porque quieren mejorar el funcionamiento de las máquinas.
   ....
2. Llevan la comida en una nevera porque quieren que se mantenga fresca.
   ....
3. Organizarán una reunión porque quieren que los miembros se conozcan.
   ....
4. Estudian la materia oscura porque quieren conocer su funcionamiento.
   ....
5. Quieren tomar medidas porque no quieren que la temperatura aumente.
   ....

5.2 Teniendo en cuenta el contexto, elige la opción correcta.

1. **Los países miembros de la Unión Europea se reúnen .... establecer una política educativa común.**
   a. para b. con la finalidad de c. con el fin de que
2. **Papá, no vengáis .... recogerme a la escuela; al final viene a buscarnos la madre de Óscar.**
   a. a b. con el fin de c. para que
3. **He puesto esta planta cerca de la ventana .... reciba más sol.**
   a. con el propósito de que b. para c. para que
4. **Señores y señoras, hemos organizado esta visita .... conozcan la esencia de la ciudad.**
   a. con el objetivo de que b. para c. con el fin de

5.3 [30] Escucha y comprueba tus respuestas anteriores.

Practica en contexto

1 **En parejas** Muchos objetos cotidianos o algunas de sus partes tienen una finalidad que a veces no conocemos. Completa el texto de cada imagen con estas palabras.

punta | agujero | mango | trozo | lado | tira o cinta

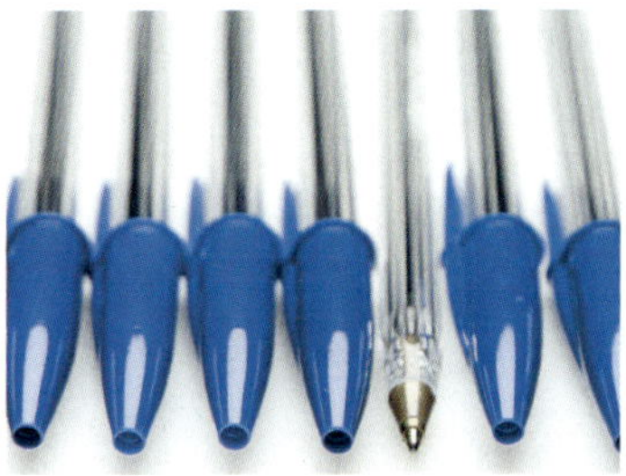

1. El .... que hay en el tapón de los bolígrafos.

2. El .... de tela que viene con la ropa nueva.

3. El .... azul de las gomas de borrar.

4. La .... que tienen muchas camisas en la espalda.

5. La .... que hay en el tapón de los tubos de crema o pomada.

6. El agujero en el .... de las sartenes y cacerolas.

Describir la función o finalidad de un objeto

- Para describir la función o finalidad de los objetos, puedes usar:
  - ***Es/Sirve/Se usa/Se utiliza para*** + infinitivo/*que* + subjuntivo (mismo sujeto/sujeto diferente):
    *La tinta **es para** escribir.*
    *Las cacerolas **sirven para que** podamos cocinar los alimentos.*
- Para describir una **función distinta** a aquella para la que estaba diseñado el objeto, usamos:
  - ***Se usa/Se utiliza/Se emplea/Sirve como*** + sustantivo:
    *Una botella **se emplea como** florero.*
    *Un tenedor viejo **sirve como** utensilio de jardín.*

1.1 **En parejas** Con tu compañero/a, piensa para qué sirven los objetos o partes anteriores y escríbelo en tu cuaderno usando *para que*.

Ejemplo: *Pues yo creo que el agujero del tapón sirve para que salga la tinta si se rompe la punta, ¿no crees?*

1.2 [31] En una clase acaban de realizar la actividad anterior. Escucha la explicación de la profesora, comprueba si has acertado en tus suposiciones y relaciona a los estudiantes con la expresión de hipótesis que utilizan.

1. Olga
2. Roberto y Susana
3. Irene y Alfonso
4. Luis y Pepa
5. Mirian y Valeria
6. Juan y Lorenzo

a. puede que
b. igual
c. quizá
d. tal vez
e. a lo mejor

1.3 **Todo el grupo** ¿Cuál de las funciones te ha sorprendido más? ¿Te parece que son prácticos estos elementos? ¿Por qué?

1.4 **En grupos pequeños** Fíjate en estas imágenes y en las partes marcadas; elige una, busca información en internet sobre su finalidad y, luego, compártela con el resto de la clase. ¿Cuál es la más curiosa según tu opinión?

1.5 **Todo el grupo** ¿Se te ocurre algún objeto cotidiano que esconda un pequeño misterio? ¿Cuál?

Preguntar o introducir una información y responder

- Para **preguntar** algo que se desconoce, se usa:
  - **¿Sabes qué/si/cómo/cuándo/dónde…?**
    *¿**Sabes cuándo** empezaron a poner ese bolsillo?*
    *¿**Sabes si** esta aguja sirve para algo?*
- Para responder **negativamente**, se usan las siguientes expresiones:
  - **Lo siento, (pero) no lo sé/no tengo ni idea.**
- Para **introducir** una determinada **información** y saber si nuestro interlocutor la **conoce**, puedes usar:
  - ***¿Sabes/Sabías que*** + información***?***
    *¿**Sabes/Sabías que** la boca de la botella tiene esa forma para que sea más fácil cogerla con dos dedos?*
  - ***He leído/oído/visto que*** + información
    ***He oído que** el agujero de la cuchara de los espaguetis sirve para medir las raciones.*
- Para **responder**, puedes usar:
  - **Sí, ya lo sabía.**
  - **No, no lo sabía/no tenía ni idea.**

2

Piensa en las características de un objeto importante en tu vida cotidiana y contesta por escrito en tu cuaderno a las siguientes preguntas.

- ¿Qué forma tiene?
- ¿De qué está hecho?
- ¿Es útil?
- ¿Para qué sirve?
- ¿Es frágil?
- ¿Cómo funciona?
- ¿Dónde puedes usarlo?
- ¿Puedes llevarlo puesto?
- ¿Ocupa mucho espacio?
- ¿Se puede arrugar fácilmente?
- ¿Es resistente al agua?
- ¿Puede doblarse?
- ¿Tiene patas?
- ¿Cabe en un bolsillo?
- ¿Puedes llevártelo de viaje?
- ¿Es caro?

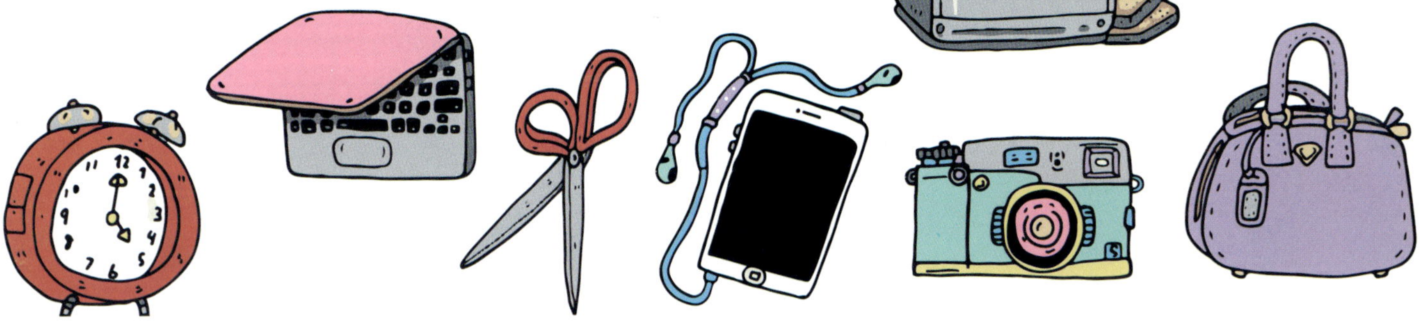

2.1 **En parejas** Pregunta a tu compañero/a por las características de su objeto y adivina de qué se trata.

3 **En parejas** Fíjate en las imágenes y dile a tu compañero/a lo que crees que les habrá ocurrido. Si no está de acuerdo contigo, justifica tu respuesta.

3.1 Dale la vuelta al libro y lee lo que realmente les ha pasado. ¿Habéis acertado con vuestras suposiciones?

1. Lola trabaja limpiando y hoy ha ido a trabajar a la comisaría para limpiar las celdas de los detenidos. La puerta se ha cerrado y ha tenido que avisar a un policía y convencerlo para salir.
2. Lucas trabaja en una discoteca a las afueras de la ciudad y ha tenido que ir vestido de astronauta porque hoy había una fiesta de disfraces sobre extraterrestres.
3. Julio ha ido de vacaciones a la costa y, por la emoción, lo primero que ha hecho es ir a la playa. Mientras hacía fotos para colgarlas en internet ha subido la marea.
4. Sofía ha estado preparando la fiesta de cumpleaños de su hijo Mario y se ha dado cuenta de que no ha mandado las invitaciones.

Expresar sorpresa o extrañeza

Me sorprende *Me extraña* *Es increíble* *Es raro* *Es extraño*	+	sustantivo infinitivo *que* + subjuntivo

Nos sorprende/Es bastante *rara* la historia de Lucía porque...

Me extraña/Es raro que digas que esa situación fue incómoda porque...

- ¡Qué sorpresa/raro/extraño!
- ¡No me lo puedo creer!
- ¿En serio?

3.2 **En grupos pequeños** Responde a este cuestionario. Luego tus compañeros harán conjeturas sobre lo que creen que has respondido teniendo en cuenta lo que saben de ti. Dales pistas si lo necesitan.

¿Cuál es...

1. el lugar más extraño donde has estado?
2. la situación más incómoda que has vivido?
3. la fiesta más rara a la que te han invitado?
4. el viaje más interesante que has hecho?

Ejemplo:

▶ *El lugar más extraño en el que habrá estado Miguel estará relacionado con el mar, porque vive en un pueblo costero y le encanta navegar, ¿a que sí, Miguel?*

▷ *Bueno, sí, la verdad es que sí. Una vez estaba navegando y mi barco chocó contra una roca. Me refugié en una cueva y estuve allí un día entero hasta que me rescataron. La verdad es que no me puedo creer el miedo que sentí en algunos momentos... Yo, que estoy tan acostumbrado al mar...*

▶ *¿En serio? Me sorprende que digas eso. No es raro tener miedo en una situación así.*

3.3 **Todo el grupo** ¿Te ha sorprendido alguna vivencia de tus compañeros? ¿Cuál y por qué?

4 **En parejas** Observa algunos objetos que se usaban en el pasado y responde a las siguientes preguntas. Si no sabes la respuesta, haz conjeturas. Sigue el ejemplo.

1. ¿Para qué servía?
2. ¿Cómo se llamaba?
3. ¿Cómo se usaba?
4. ¿Quién lo utilizaba?
5. ¿Cuándo dejó de usarse?
6. ¿Por qué?

A

B

C

F

D
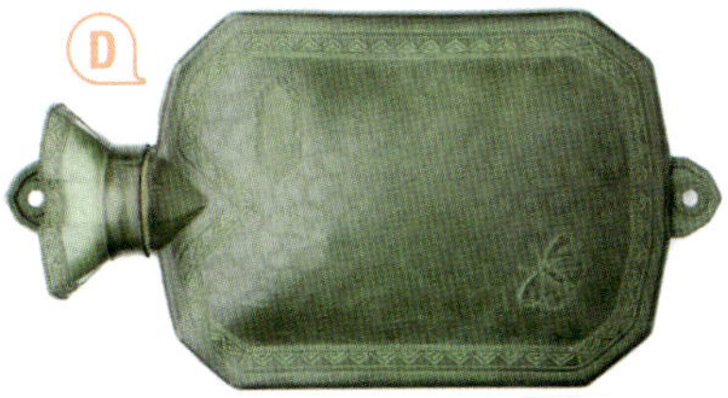

E

Ejemplo:

No conozco ese objeto, pero, por la forma, creo que sería algún tipo de máquina manual que serviría para picar alimentos. Yo creo que se llamaría máquina de picar, picador o algo así. El alimento se echaría por la parte de arriba, se daría vueltas a la manivela y el producto, ya picado, caería en esa especie de cajón. Tal vez lo usaban en casa para cocinar. Dejaría de emplearse seguramente cuando aparecieron las picadoras eléctricas, porque son mucho más cómodas de manejar.

4.1 [32] **Escucha la conversación e indica a qué objeto de los anteriores se refiere cada frase.**

1. Es fácil encontrarlo hoy en día. .... A B C D E F
2. El abuelo de Manu dice que el resultado era una incógnita. .... A B C D E F
3. Manu ha adivinado el uso que tenía. .... A B C D E F
4. Marta jugaba con uno cuando era niña. .... A B C D E F
5. Manu dice que servía para dejar mensajes. .... A B C D E F
6. Tenía un timbre. .... A B C D E F
7. Tiene también un uso medicinal. .... A B C D E F
8. Servía para escuchar música. .... A B C D E F
9. Mucha gente tuvo uno hasta mitad del siglo XX. .... A B C D E F
10. A Marta le parece una videoconsola. .... A B C D E F

4.2 **Todo el grupo** ¿Has acertado en tus hipótesis? ¿Alguna vez has visto o usado alguno de los objetos anteriores? ¿Conoces otros que ya no se usan?

4.3 **Todo el grupo** ¿Qué objetos actuales crees que habrán desaparecido dentro de cien años? ¿Por qué? ¿Qué los sustituirá?

Pues yo creo que habrán desaparecido las gafas porque todos los problemas de visión se podrán solucionar con láser.

MADRID, UNA CAPITAL CURIOSA

1 **Todo el grupo** Fíjate en las fotografías; ¿conoces estos lugares de Madrid? Todos ellos esconden algún secreto. ¿Sabes cuál es? Si no es así, haz suposiciones y compártelas con tus compañeros.

2 [33] Escucha el audio y marca si las siguientes afirmaciones son verdaderas o falsas.

1. Madrid es la capital más antigua de Europa. .... V F
2. Botín es un restaurante del siglo XVIII. .... V F
3. El Templo de Debod fue comprado por el Gobierno español a Egipto. .... V F
4. A los madrileños los llaman *gatos* por una batalla. .... V F
5. El reloj más grande de Madrid está en una estación de tren. .... V F
6. La estación de Chamberí es una estación de metro construida para una película. .... V F
7. La estatua del diablo está en el parque del Retiro. .... V F

2.1 **Todo el grupo** ¿Conoces datos curiosos, leyendas o misterios de tu ciudad? Cuéntaselos a tus compañeros.

Algunas cosas (casi) gratis que puedes hacer en Madrid...

- Disfrutar del atardecer desde el Palacio Real.
- Dar una vuelta por el jardín tropical de la estación de Atocha.
- Comprar una fruta en el antiguo mercado de San Miguel.
- Hacer un pícnic frente al Palacio de Cristal en el Retiro.
- Perderte en el Rastro.
- Hacerte un selfi con los leones del Congreso de los Diputados.
- Recorrer Madrid Río en bicicleta.
- Comerte un bocadillo de calamares en la plaza Mayor.

3 **Todo el grupo** ¿Qué cosas se pueden hacer casi gratis en tu ciudad?

Adaptado de https://www.mochileandoporelmundo.com/cosas-que-ver-hacer-madrid-gratis/

Cartelera DE CINE

Sobreviviré

Sinopsis

Marga es una mujer joven que, de la noche a la mañana, pierde su empleo y también a su novio Roberto en un accidente de tráfico; y, para colmo, descubre que está embarazada. En tales circunstancias, no tiene más remedio que empezar una nueva vida. Entonces conoce a Iñaki, un joven diez años menor que ella y que hasta entonces se había considerado exclusivamente gay, y se enamoran.

Empiezan así una historia de amor que sacará a Marga del pozo en el que se encuentra, a pesar de que todos opinan que esa relación no puede funcionar.

Antes de la secuencia

1 **En parejas** **Observa estas imágenes extraídas de la película y, conociendo de qué trata, relaciónalas con las descripciones.**

a. Marga e Iñaki salen juntos.
b. Marga recibe la noticia de la muerte de Roberto.
c. Marga y Rosa, su amiga cubana, se van a vivir juntas.
d. Iñaki acude al videoclub de Marga.
e. Marga y Roberto deciden irse a vivir juntos.
f. Marga conoce a su novio Roberto.

1 

2 

3 

4 

5 

6 

2 **En parejas** **Durante la secuencia que vas a ver, los personajes utilizan estas expresiones idiomáticas. Con tu compañero/a, explica su significado. Puedes usar el diccionario.**

1. Estar acaramelada.
2. Me miraba con ojos de no haber roto nunca un plato.
3. Tú lo que necesitas es un baño de cariño.
4. Te va a dejar mamá que te lleve el coco.

Durante la secuencia

3 Visiona el fragmento 00:09 ▶ 02:13 y elige la opción correcta.

1. ¿Cómo pasó la noche Rosa?
   a. Horrible, estuvo vomitando.
   b. Fantástica, estuvo muy bien.
   c. Aburrida, estuvo bailando.
2. ¿Qué piensa Rosa sobre su relación de pareja con Rolando?
   a. Que quizás ha llegado el momento del matrimonio.
   b. Que quizás ha llegado el momento de romper.
   c. Que quizás ha llegado el momento de tener un hijo.
3. ¿Qué piensa Marga de Iñaki tras su primera cita?
   a. Que la cita fue mal, horrible, fatal...
   b. Que es dulce, encantador y divertido.
   c. Que es aburrido y soso.

4 Visiona el fragmento 02:14 ▶ 04:19 y contesta a estas preguntas.

1. ¿Cuál es la reacción de Rosa al ver llegar a Iñaki?

   ....

2. ¿Y la reacción de Marga?

   ....

3. ¿Qué reacción tiene Iñaki al conocer a Tito?

   ....

4.1 **En parejas** Comenta con tu compañero/a el final de la secuencia. ¿Por qué crees que Iñaki reacciona de esa manera? ¿Tú harías lo mismo? ¿Qué crees que pasará después?

5 Por último, vuelve a la actividad 2. Ahora que has podido oír las expresiones idiomáticas en contexto, ¿crees que las has definido correctamente?

Después de la secuencia

6 **Todo el grupo** Tras leer la sinopsis de esta película y después de haber visto la secuencia, ¿puedes imaginar cuál es el tema principal? Discútelo con tus compañeros.

6.1 **Todo el grupo** ¿Piensas que lo principal para ser feliz en la vida es encontrar el amor o una buena amistad?

Evaluación

1 **Relaciona el número de estas partes con los objetos de las imágenes. Ten en cuenta que cada objeto puede tener más de una parte.**

1. mango
2. tapa
3. punta
4. asa

2 **Lee las definiciones, mira las imágenes y completa con las palabras adecuadas.**

metal (2) | cartón | goma | rectangular | círculo | rectos | tapa | borde | pieza

Es un recipiente de [1] .... que tiene forma [2] .... con una [3] .... en su parte superior para proteger los productos que se guardan o transportan en ella.

Es una [4] .... de la bicicleta que tiene forma de [5] .... Está hecha de [6] ....: tiene el [7] .... de [8] .... y unos palos [9] .... también de [10] .... que unen el centro con la parte exterior.

3 **¿Para qué sirven estos objetos?**

1 
2 
3 
4 

1. Sirve para ....
2. Se utiliza para ....
3. Se usa para ....
4. Se emplea para ....

4 **Completa estas hipótesis con la forma correcta del futuro simple, compuesto o condicional.**

1. ▶ Últimamente Javier está muy raro: está de mal humor, parece cansado y nunca sale.
   ▷ .... (Tener) mucho trabajo y .... (estar) estresado; es final de curso.
2. ▶ ¡Qué raro! Ayer Pedro no vino a la fiesta.
   ▷ Sí que es raro… No lo .... (saber), porque siempre va a todas.
3. ▶ Esta mañana he visto a Javier y a Lourdes desayunando en mesas separadas.
   ▷ .... (Discutir) por algo, últimamente no se llevan bien.
4. ¿El teléfono? .... (Estropearse) esta mañana, porque ayer funcionaba perfectamente.
5. Amelia .... (querer) comer ahora, porque lleva todo el día sin tomar nada.

5 Elige la opción u opciones correctas.

1. Probablemente **saldremos/salgamos** mañana de viaje, pero no es seguro.
2. Igual **llego/llegue** tarde, tengo mucho trabajo.
3. A lo mejor **está/esté** enfadado contigo, si no te saluda...
4. Quizá **tiene/tenga** prisa, parece bastante nerviosa.
5. Es muy probable que no **viene/venga** a la cena, me dijo que tenía examen mañana.

6 Mira estas imágenes y completa usando *para (que)*.

Hace ejercicio...

....

....

Va así vestido a la entrevista...

....

....

Va al zapatero...

....

....

7 Completa estas frases con los marcadores de finalidad del recuadro.

para | para que | a | a que | con el objetivo de | con la finalidad de que

1. Siempre llamo antes .... sepas cuándo llego.
2. Mañana vendrá Jesús .... recoger el libro que me dejó.
3. El Gobierno ha impulsado una ley .... las empresas modernicen sus equipos.
4. Yo estudio español .... viajar por Latinoamérica.
5. Quiero llevarte a Buenos Aires .... conozcas el lugar en el que nací.
6. Les escribo esta carta .... solicitar un puesto de trabajo en su empresa.

8 Reacciona con extrañeza ante estas situaciones.

1. Luis no está en su oficina. ....
2. Susana dice ahora que quiere estudiar Medicina. ....
3. Gloria se ha comprado una casa nueva. ....
4. Dicen que en pocos años los robots dominarán a los humanos. ....

9 Marca qué haces cuando necesitas organizar los contenidos que has estudiado.

1. Hago resúmenes. ☐
2. Subrayo en el libro o el cuaderno las ideas importantes. ☐
3. Realizo esquemas para entender la organización de los contenidos. ☐
4. Hago mapas conceptuales para establecer relaciones entre los elementos aprendidos. ☐
5. Pongo en común lo estudiado con otros compañeros para resolver nuestras dudas. ☐
6. Otros: .... ☐

Unidad

9 ¿Eres lo que comes?

Fíjate en la imagen y haz un recuento de los alimentos que ves, incluida la bebida; ¿te parece una comida sana?

¿Qué alimentos hay siempre en tu frigorífico? ¿Crees que llevas una dieta sana?

¿Conoces el árbol de la fotografía? ¿Sabes cómo se llama y qué fruto da?

En esta unidad vas a...

- Expresar condiciones y consecuencias
- Diferenciar entre causa y finalidad
- Hablar sobre nutrición, gastronomía y nuevos alimentos
- Conocer el valor y las propiedades del aceite de oliva

¿Qué sabes?

1 **En parejas** ¿Sabes el nombre de los siguientes platos y de qué país son típicos?

1.1 **Todo el grupo** Escribe en español la lista de alimentos e ingredientes que reconozcas en las fotografías. Luego pon en común tu lista con la de tus compañeros y anota los nombres que te falten.

1.2 **Todo el grupo** ¿Cuál es tu cocina favorita? ¿Has tomado recientemente alguno de los platos de la actividad 1? ¿Crees que nos dirigimos hacia un tipo de cocina global?

2 **En parejas** Observa los siguientes símbolos; se refieren a dietas que están de moda últimamente. ¿Sabes cómo se llaman? ¿En qué consisten? ¿Qué otras dietas conoces?

2.1 **En grupos pequeños** Lee las recetas de estos tres platos típicos de la cocina española y fíjate en sus ingredientes. ¿Sabes bajo qué condición podrían tomarlos las personas que sigan cada una de las dietas anteriores?

Ejemplo: *El salmorejo es bueno para los veganos si eliminamos el huevo y el jamón.*

Croquetas de pollo

Se pueden tomar frías o calientes, por lo que sirven para llevarlas de pícnic o al trabajo.

Ingredientes: cebolla, leche, harina, pollo, pan rallado, huevo, sal, nuez moscada y aceite de oliva.

Se prepara una bechamel con la cebolla, la harina, el pollo, la leche, la sal y la nuez moscada. Una vez fría, se divide en pequeñas porciones, se reboza en huevo y pan rallado y se fríe en abundante aceite de oliva.

Salmorejo

Es una crema fría de tomate, muy refrescante, y que por tanto se toma en verano.

Ingredientes: tomate, ajo, pan, sal, aceite de oliva, huevo y jamón serrano.

Se corta el pan en trozos y se echa por encima el tomate, previamente triturado, la sal y el ajo, y se deja reposar un rato. Luego se añade el aceite y se tritura todo hasta obtener una sopa espesa. Se decora con huevo duro y unas tiras de jamón serrano.

Migas de pastor

Era una comida habitual entre pastores, ya que es un plato muy económico y su elaboración es rápida.

Ingredientes: pan, aceite de oliva, chorizo, panceta, ajo y pimentón.

En una sartén se pone el aceite a calentar y se rehoga el ajo con el chorizo y la panceta. A continuación se agrega el pimentón, se rehoga un poco, se añade el pan desmigado (en porciones muy pequeñas) y se le da vueltas hasta que esté frito.

2.2 **En parejas** ¿Qué platos conoces que son compatibles con cada una de estas dietas? ¿Sabes cómo se hacen? Explícaselo brevemente a tu compañero/a.

Palabras

1 **En parejas** Escribe el nombre de los alimentos que aparecen en las imágenes. ¿Qué crees que tienen en común? ¿Qué beneficios tienen para la salud?

1. ....

El ácido oleico que contiene sirve para mantener bajos los niveles de [a] ....

2. ....

Tiene un alto contenido en [b] .... omega 3, que ayudan a prevenir enfermedades como el [c] ....

3. ....

Tienen altas dosis de [d] ...., pocas calorías y ayudan a mejorar el estado de la [e] ...., el [f] .... y las [g] ....

4. ....

Entre sus propiedades figura su alto poder [h] .... Se utiliza también en dietas que sirven para evitar la [i] .... de líquidos.

5. ....

Su zumo es muy bueno para curar las infecciones de [j] .... por sus propiedades [k] ....

6. ....

Es un alimento muy completo, ya que contiene los ocho [l] .... esenciales para el organismo. Tiene muchas proteínas.

7. ....

Es rico en calcio y bajo en [m] ...., de ahí que se utilice en dietas contra la [n] ....

8. ....

Pueden calmar el dolor en las [ñ] .... y tienen un alto nivel de [o] ...., fibra y potasio, entre otros minerales.

1.1 **En parejas** Completa la descripción de los alimentos anteriores con las palabras del recuadro. Trabaja con tu compañero/a.

antibacterianas | obesidad | ácidos grasos | aminoácidos | colesterol | hierro | vejiga | pelo | proteínas | calorías | cáncer | articulaciones | uñas | piel | desintoxicante | retención

1.2 Escucha el audio y comprueba tus respuestas anteriores.

[34]

1.3 **En parejas** Clasifica las palabras de la actividad 1.1 en los siguientes grupos. ¿Qué otras palabras de los textos de la actividad 1 podrías añadir a cada grupo?

Propiedades	Partes del cuerpo	Dolencias	Elementos

2 **En parejas** Observa el cartel y responde a las preguntas.

1. ¿Qué alimentos tendrás que eliminar de tu dieta si comes solo comida real?
2. ¿Qué beneficios crees que puede tener una dieta de este tipo?

2.1 **En parejas** Lee el texto sobre el reto de la comida real y comprueba tus respuestas anteriores.

#comidareal, sabor natural

A través de las redes sociales, un joven nutricionista español, Pablo Sánchez, ha lanzado un interesante reto: estar un mes entero comiendo únicamente comida real. De esta forma, hay que eliminar de la lista de la compra productos como pan blanco, patatas fritas, refrescos, zumos, bollería, alimentos precocinados, salsas y *pizzas*. Aunque parece mucho, lo único que se elimina realmente son aquellos alimentos que han pasado por un proceso industrial que ha afectado de algún modo a su composición, es decir, los productos llamados *ultraprocesados*. Pablo ha invitado a sus seguidores a cumplir el reto y miles de personas ya se han mostrado interesadas en intentarlo. Las instrucciones son simples: se mira la etiqueta del alimento y, si el producto tiene más de cinco ingredientes, no se puede consumir. Tampoco si entre sus ingredientes está la harina no integral, el azúcar o el aceite vegetal. La idea, según el nutricionista, es que todo el que participe disfrute de los sabores reales y consuma una comida lo más parecida posible a como se encuentra en la naturaleza.

Adaptado de https://realfooding.com/reto-comida-real/

2.2 **En parejas** Vuelve a leer el texto y completa las frases.

1. Según el texto, comida real es ....
....
2. Si entre los ingredientes hay .... , no se considera comida real.
3. Ejemplos de alimentos ultraprocesados son ....
....
4. El reto sirve para ....
....

RAE

LÉXICO

Recuerda que hay muchas palabras referidas a los alimentos que son diferentes entre España e Hispanoamérica, como patata › papa, zumo › jugo, tomate › jitomate (propio de México), judías › frijoles ...:
*Aparte, muela también el **jitomate** con la cebolla y el ajo. Ponga el recaudo a freír y júntelo con los **frijoles**.*

2.3 **En grupos pequeños** Haz una lista de los alimentos que consumes a diario y analiza cuántos de ellos son "comida real". Compara los resultados con tus compañeros y decide quién lleva un estilo de alimentación más natural.

Gramática

> Fíjate:
> Las oraciones finales con ***para*** expresan intención por parte del hablante. Se pueden convertir en causales si se refuerza ese matiz de intencionalidad:
> *Estudio para ser médica.* › *Estudio porque quiero ser médica.*
> *Se acercó para saludarlo.* › *Se acercó porque tenía intención de saludarlo.*

1 Contraste *por/para*

- La principal diferencia entre las preposiciones ***por*** y ***para*** es que ***por*** expresa la **causa o motivo** de una acción, mientras que ***para*** expresa su **finalidad o propósito**:
  *Llegué tarde **por** el tráfico.* (causa)
  *Estudio **para** ser médica.* (finalidad)
- Para distinguir entre causa y finalidad se debe tener en cuenta la relación temporal entre las acciones. La **causa** es **anterior o simultánea** a la consecuencia, mientras que la **finalidad** es **posterior**:
  *Perdió el tren **por** llegar tarde.* (Primero llegó tarde y después perdió el tren).
  *Se acercó **para** saludarlo.* (Primero se acercó y después lo saludó).

1.1 **En parejas** Selecciona *por* o *para* en las siguientes frases según expresen causa o finalidad. Luego compara tus resultados con los de tu compañero/a.

1. Vivo con mis padres **por/para** razones económicas. No tengo trabajo.
2. De joven, mi padre estuvo viviendo en Washington **por/para** aprender inglés.
3. Suspendieron el concierto **por/para** la lluvia.
4. A David le gustaría terminar su doctorado este año **por/para** solicitar una plaza en un centro de investigación.
5. No la dejaron entrar **por/para** ser menor de edad.

1.2 **Todo el grupo** Traduce las frases anteriores a tu lengua. ¿Cómo se expresan los conceptos de causa y finalidad? ¿Se usan preposiciones? Si es así, ¿se trata de dos preposiciones diferentes? ¿Crees que comparar tu lengua con la lengua que estás aprendiendo es útil? ¿Por qué?

> Fíjate:
> - Es frecuente dar las gracias seguido de ***por***:
>   *Muchas gracias **por** venir a verme.*
> - Para expresar la duración total de una acción no es necesaria la preposición ***por***, pero su uso no se considera incorrecto:
>   *Estuve en el instituto (**por**) tres años.*
> - Con la preposición ***a*** indicamos el destino, el fin del movimiento. Con ***para*** se indica solo la dirección, es más impreciso.
> - Hay muchas expresiones fijas con ambas preposiciones: ***por favor, por cierto, por casualidad, por supuesto, por si acaso, para nada, para colmo, para entonces…***

2 Otros usos de *por* y *para*

Además de **causa**, la preposición ***por*** puede expresar:

- Tiempo y lugar **aproximados**, lugar **de paso**:
  *Volvió a su país **por** Navidad.*
  *Me doy una vuelta **por** la Gran Vía.*
  *El tren pasa **por** Valladolid.*
- **Partes del día**:
  *Nos vemos mañana **por** la mañana y hablamos.*
- **Intercambio**, **precio**:
  *El reto es sustituir comida precocinada **por** productos naturales.*
  *Todo **por** solo 1 euro.*
- **Medio** ('a través de', 'por medio de'):
  *El sol entra **por** mi ventana.*
  *La información te llegará **por** correo.*

Además de **finalidad o intención**, la preposición ***para*** puede expresar:

- **Plazo** de tiempo:
  *El trabajo tiene que estar terminado **para** el próximo lunes.*
- **Dirección** del movimiento:
  *Voy **para** el centro, ¿te vienes?*
- **Opinión**:
  ***Para** mí, el alimento más completo es la leche.*
- **Destinatario/a**:
  *Tengo un paquete **para** Mercedes.*
- **Comparación en contraposición**:
  ***Para** lo poco que estudia, saca muy buenas notas.*
  *El niño está muy alto **para** su edad.*

RAE

GRAMÁTICA

- Es frecuente escuchar la expresión *favor de* + infinitivo en Centroamérica, Chile, Colombia, Ecuador, México y República Dominicana en lugar de hacer el favor de o *por favor* + imperativo:
  *Pero tú, ¡**favor de** guardar calma! –exclamó ella.*
- En el español de América se usa en la mañana/tarde/noche, en lugar de por la mañana/tarde/noche:
  *Pues, mire, venga mañana **en la mañana** y hable con ella en su oficina.*
- En México y Argentina se puede responder por nada a un agradecimiento. Alterna con de nada:
  ▶ *Muy amable, señorita. El agente Hernández le tomará sus datos.* ▷ ***Por nada**...*
  ▶ *Quiero darte las gracias por ayudarme a ver la realidad con alegría.* ▷ ***De nada**.*

2.1 **Completa las frases con la preposición *por* o *para* y escribe cuál es su uso en cada caso.**

1. Estudio español *para* viajar a Latinoamérica. *finalidad*
2. He preparado este almuerzo .... mi madre. ....
3. Habla muy bien francés .... el poco tiempo que estuvo allí. ....
4. Si no responde a tus correos, ¿por qué no lo llamas .... teléfono? ....
5. Yo vuelvo a mi casa, ¿tú .... dónde vas ahora? ....
6. Si te dejo el vestido, me lo tienes que devolver .... el viernes. ....
7. El jueves .... la tarde vamos todos al cine. ....
8. Vivo en Austria .... mi trabajo. ....
9. He comprado unos pantalones muy bonitos .... 10 euros. ....
10. El río Tajo pasa .... Toledo y .... Lisboa. ....

2.2 **Pedro está de visita en Madrid y recibe una recomendación de su amiga Ana: visitar el mercado de San Miguel. Completa el texto con *por* o *para*.**

Si visitas Madrid, tienes que ir al mercado de San Miguel. [1] .... llegar, sube desde la Puerta del Sol [2] .... la calle Mayor. Enseguida verás el mercado en la plaza del mismo nombre, a la izquierda. Entra [3] .... la puerta que está en el lateral.

Dentro del mercado, a la derecha, verás un puesto de marisco. Te dan dos raciones de gambas [4] .... el precio de una, ¡riquísimas! Si continúas de frente, hay un puesto de *pizzas* tradicionales. Las porciones cuestan poco [5] .... lo grandes que son.

A veces, [6] .... las tardes, a partir de las siete, hay degustaciones gratuitas en el mercado. A mí me encanta el puesto de quesos que hay al lado del café. Tienen muchas variedades de España y de otros países de Europa. Espero que te guste.

2.3 Escucha y comprueba tu respuesta.

[35]

3 Oraciones consecutivas

- Las oraciones consecutivas expresan la **consecuencia** producida por un hecho anterior. Algunos conectores consecutivos habituales son ***entonces, o sea que, así (es) que, por (lo) tanto, por lo que, de manera/modo que, por consiguiente, de ahí que…***:
  Esta tarde llueve mucho, ***así que*** *no voy a salir.* *Es mío;* ***por lo tanto****, dámelo.*
- Estos conectores se construyen con indicativo o imperativo, excepto ***de ahí que***, que se construye siempre con subjuntivo:
  Este plato lleva canela, ***de ahí que tenga*** *un cierto sabor dulce.*
- ***De manera/modo que*** se construyen con subjuntivo si tienen **matiz final**:
  Explícame eso de realfooding ***de manera/modo que*** *lo* ***entienda****.*
- En algunas situaciones estas oraciones tienen un valor **deductivo**:
  ▶ *Me he comido todos los bombones.*
  ▷ ***O sea que*** *te gusta el chocolate.*

3.1 Relaciona las frases.

1. Los celiacos son alérgicos al gluten; por tanto,…
2. El flan es una comida dulce, por lo que…
3. La chía es un superalimento; por consiguiente…
4. El pan es un alimento básico, de ahí que…
5. Desde el desayuno no ha comido nada,…

a. tiene muchas propiedades beneficiosas para la salud.
b. esté presente en nuestra dieta a diario.
c. no deben comer trigo.
d. o sea que tendrá hambre.
e. se toma como postre.

3.2 Completa libremente las siguientes frases.

1. La sandía es una fruta muy refrescante, de ahí que ....
2. El examen de inglés me salió muy bien, o sea que ....
3. Hoy hace mucho calor; por consiguiente ....
4. Tengo el frigorífico vacío, por lo que ....
5. ¿Te duele mucho la cabeza? Entonces ....
6. El concierto ha sido cancelado por la lluvia, así que ....

4 Oraciones condicionales (primera condicional)

- Las oraciones condicionales indican una **condición** que se tiene que producir para que se cumpla la acción de la oración principal. La conjunción condicional más común es ***si***:
  Si como demasiado (condición), *me dolerá el estómago* (acción principal).
- Las oraciones condicionales **reales (primera condicional)** son las que presentan una condición que puede realizarse o suceder. Tienen la siguiente estructura:
  Si + **presente** de indicativo + **presente/imperativo/futuro**
  Si ***tengo*** *hambre,* ***me como*** *un sándwich.*
  (En este caso puede tener valor habitual, equivalente a ***cuando*** o ***siempre que***).
  Si ***tienes*** *sobrepeso,* ***ponte*** *a dieta.*
  Si ***vamos*** *a ese restaurante vegano, no* ***pediré*** *tofu. No me gusta.*
- Como sucede con otro tipo de oraciones compuestas, en las oraciones condicionales es posible **intercambiar el orden** entre la oración principal y la subordinada:
  Si me levanto pronto*, desayunaré en la cafetería.*
  Desayunaré en la cafetería ***si me levanto pronto****.*

> Fíjate:
> ***Si*** no se puede construir nunca con futuro:
> *Si ~~vendrás~~* ***vienes****, te invito a un café.*

4.1 **Forma frases condicionales con las siguientes situaciones.**

1. beber limón › quemar grasas ....
2. tomar mucho azúcar › salir caries en los dientes ....
3. comer frutas y verduras › estar más sano ....
4. preparar pollo › comer en casa ....
5. llover esta tarde › llevar paraguas ....
6. hacer deporte › estar en forma ....

4.2 **En parejas** **¿Cómo ves tu futuro? Forma frases condicionales relacionadas con estas consecuencias y compártelas con tu compañero/a. ¿Coincidís en alguna?**

Ejemplo: *Hablar español.* › *Hablaré muy bien español si practico todos los días.*

1. Tomar tapas › ....
2. Ser millonario/a › ....
3. Hacer yoga › ....
4. Ir a cenar esta noche › ....
5. Cambiar de trabajo › ....
6. Viajar en barco › ....

4.3 **Estas personas hablan de la dieta que siguen. Escucha y completa la información.**

[36]

1

- ¿Qué dieta sigue?
  ....
- ¿Qué alimentos no toma?
  ....
  ....
- "Si ....
  ...., no la hagas".

2

- ¿Qué dieta sigue?
  ....
- ¿Qué alimentos no toma?
  ....
  ....
- "Si comes productos naturales, ...
  ....".

3

- ¿Qué dieta siguen?
  ....
- ¿Qué alimentos no toman?
  ....
  ....
- "Creo que, si ....,
  destruiremos el planeta".

4.4 **Todo el grupo** **¿Qué ventajas e inconvenientes ves en seguir un tipo específico de dieta?**

Ejemplo: *A mí la dieta vegana me parece un poco radical y peligrosa, porque, si no se toma nada de origen animal, estoy segura de que al final la salud se resiente...*

Practica en contexto

1 **Todo el grupo** ¿Has oído hablar de los huertos urbanos? ¿Qué sabes de ellos? ¿Has plantado alguna vez tomates, calabacines, lechugas...? ¿Qué tal fue la experiencia?

1.1 [37] Escucha la siguiente entrevista, en la que se habla de estos espacios, y marca el orden en el que la entrevistada menciona sus ventajas.

- ☐ Ayudan a tomar conciencia de la importancia del consumo de productos locales.
- ☐ Reducen la contaminación del aire.
- ☐ Suponen una nueva forma de emplear el tiempo libre.
- ☐ Aumentan el consumo de verduras en la comunidad.

1.2 **En parejas** Las siguientes imágenes ilustran algunos inconvenientes de los huertos urbanos. ¿A qué problemas crees que hacen referencia?

1.3 Lee el siguiente artículo y comprueba tu respuesta anterior.

Los huertos urbanos constituyen una moda que se ha implantado con fuerza en muchas ciudades. Y es normal, porque es muy buena idea: una combinación casi perfecta de espacios verdes, actividades comunitarias y educación alimentaria.

No obstante, la proliferación de estos huertos conlleva una serie de inconvenientes que merece la pena tener en cuenta.

Por un lado, debido a la contaminación, el aire de las ciudades contiene partículas ligeras de metales pesados, como el plomo, que flotan y que se depositan en la superficie de los productos cultivados. A su vez, el suelo de la ciudad, el que se usa para crear esos huertos, es en sí mismo un suelo contaminado.

Por otro lado, el gasto de agua se dispara, ya que las hortalizas son plantas de regadío y, por tanto, necesitan un continuo aporte de agua. Esto, en países secos como España, constituye un grave problema.

Además, la inversión inicial es alta si se trata de un huerto dispuesto en una terraza o azotea, puesto que los contenedores de cultivo tienen un precio alto, los abonos son caros y hay que invertir en tierra y en tratamientos ocasionales que, a veces, son costosos, por lo que quizá sea más barato comprar los tomates en una frutería.

Otro inconveniente es que, si no se siembra con moderación, podemos encontrarnos con una producción que no nos dé tiempo a consumir, de modo que generaríamos un exceso de residuos orgánicos.

Por último, el huerto, debido a la polinización y a otras causas, atrae insectos que pueden constituir una plaga y provocar algún tipo de epidemia.

Fuentes: https://magnet.xataka.com/en-diez-minutos/los-huertos-urbanos-son-un-peligro-para-la-salud-publica-o-nos-los-tomamos-en-serio-o-tendremos-un-problema y https://www.eldiario.es/consumoclaro/ahorrar_mejor/huertos-urbanos-domesticos-razones-pensarselo_1_3543509.html

2 **En grupos pequeños** Eres el/la responsable de un huerto urbano y debes decidir con tus compañeros qué productos plantar en él. Lee las condiciones y ten en cuenta los beneficios, pero también las consecuencias de tu elección.

POSIBLES PRODUCTOS

- Producto muy utilizado.
- No necesita mucha agua.
- Crece muy rápido.

ajo ▲

- Es muy popular como alimento.
- Necesita mucha agua, sol y nutrientes.
- Es vulnerable a las plagas.

tomate ▲

- No necesita mucha agua.
- Muy completa y saludable.
- Su popularidad crece cada vez más.

quinoa ▶

◀ berenjena

- Necesita mucho sol y agua.
- Sus raíces requieren mucho espacio.
- Resiste mal las bajas temperaturas.

- Producto básico.
- Crece rápido.
- No necesita mucha agua.

cebolla ▶

◀ kale

- Es muy saludable.
- Resiste bien las bajas temperaturas.
- No es muy conocido.

▲ chía

- Tiene muchas propiedades.
- Necesita mucha agua.
- Su popularidad está en aumento.

◀ aguacate

- No resiste bien el frío.
- Es un alimento muy popular.
- Necesita mucho tiempo para dar fruto.

Condiciones

- El espacio del huerto es limitado y solo es posible cultivar cinco productos básicos.
- El huerto servirá a las familias que viven en el barrio, por lo que debemos tener en cuenta las necesidades nutricionales de todas las personas.
- El clima de la zona es seco, con veranos calurosos e inviernos fríos.
- Se pueden añadir otros productos, si se justifica su elección.

Estrategias para llegar a un acuerdo

- Utiliza las estructuras que ya conoces para **expresar tu opinión**:
  - Para mí...
  - Desde mi punto de vista...
  - Yo creo/A mí me parece que...
- **Interrumpe** la conversación ayudado de expresiones como:
  - Perdona (que te interrumpa)...
  - Espera un momento/momentito...
- **Expón las consecuencias** de cada elección:
  - Si elegimos..., entonces...
- **Comprueba** si se ha llegado a un acuerdo con:
  - ¿Estamos todos de acuerdo?
  - ¿Os parece bien a todos?
  - ¿Alguien quiere añadir algo más?
  - ¿Hay algo que queráis cambiar?

2.1 **Todo el grupo** Presentad vuestros argumentos al resto de la clase.

3 Completa el siguiente cuestionario con la opción correcta *(por/para)* en cada caso y después responde a las preguntas.

Tú y la comida

1. ¿Qué sueles comer **por/para** las mañanas?
2. ¿En la comida sustituyes los postres **por/para** fruta?
3. ¿Eres de los que piensan que pesas demasiado **por/para** lo poco que comes?
4. ¿Opinas que **por/para** ser feliz hay que comer bien?
5. ¿**Por/Para** cuántas personas cocinas normalmente?
6. ¿Piensas que la comida nos sirve también **por/para** disfrutar y ser más felices?
7. ¿Te saltas con frecuencia alguna comida **por/para** trabajo?
8. ¿Cuál es **por/para** ti el alimento más importante?
9. Cuando comes con amigos, ¿te reservas **por/para** el postre las conversaciones más interesantes?
10. ¿Buscas **por/para** diferentes tiendas antes de comprar el producto que más te interesa?

3.1 **En parejas** Hazle ahora el cuestionario a tu compañero/a y anota sus respuestas. ¿En qué respuestas coincidís y en cuáles no? ¿Quién disfruta más de la comida?

4 Vas a escuchar a cuatro personas que hablan de sus batidos naturales favoritos. Relaciona cada receta con su imagen correspondiente.

[38]

Sabores básicos

Los cuatro sabores básicos son:

- **dulce** (por ejemplo, el azúcar)
- **salado/a** (por ejemplo, la sal)
- **amargo/a** (por ejemplo, el café)
- **ácido/a** (por ejemplo, el limón)

Fíjate:

El **picante** (el chile o el jengibre, por ejemplo) no es un sabor. Es una sensación de picor ardiente captada por el sentido del gusto. Curiosamente, en el ámbito científico, se considera un tipo de dolor.

4.1 Vuelve a escuchar y completa.

[38]

1. Da mucha energía, ... después de hacer deporte.
2. Gracias a los arándanos, estás protegida. .... por las bacterias.
3. Tiene mucha vitamina C, ... casi todos los días.
4. Llena bastante, ... tomar como primer plato.

4.2 **En parejas** Escribe la receta de un batido de tu invención que contenga una mezcla de ingredientes sanos. Describe el sabor y sus consecuencias beneficiosas para la salud.

5 **En grupos pequeños** Esta noche tienes que organizar una cena con platos tradicionales españoles y tus invitados tienen unas características especiales con respecto a su alimentación. Lee el menú y busca en internet los platos que no conozcas. Luego lee el perfil de los invitados.

Opciones de menú

ENTRANTES

- Revuelto de espárragos
- Croquetas de bacalao
- Chorizo a la sidra
- Arroz con berenjenas
- Escalivada
- Ensaladilla

PLATOS PRINCIPALES

- Bacalao al pilpil
- Pulpo a la gallega
- Calamares a la romana
- Cordero asado
- Entrecot a la pimienta
- Lasaña de verduras

POSTRES

- Natillas
- Fruta de temporada
- Helado de chocolate
- Dulce de leche
- Melocotón en almíbar
- Tarta de Santiago

Los invitados

Héctor es celiaco.

Gabriela tiene intolerancia a la lactosa.

Bruno practica la paleodieta.

Darío es vegetariano, pero come huevos.

Vega no come cerdo.

5.1 **En grupos pequeños** Teniendo en cuenta toda la información, elige cuatro entrantes (1), dos platos principales (2) y dos postres (3) para el menú. Si es necesario, busca los ingredientes en internet. Luego di qué platos va a tomar cada invitado/a y lo que vas a comer tú mismo/a.

5.2 **Todo el grupo** Presentad el menú al resto de la clase y justificad vuestra elección.

El oro del Mediterráneo

1 **En parejas** Lee los textos sobre el aceite de oliva y relaciónalos con su título correspondiente.

Alimento base | Calidad superior | Producto milenario | Orígenes | Productor mundial | Medicina natural

[1] ....

Al comienzo se utilizaba con fines cosméticos. Fueron los romanos quienes iniciaron su uso con fines gastronómicos.

[2] ....

En los países mediterráneos es un alimento esencial. Se usa como ingrediente básico de cualquier plato.

[3] ....

Su lista de beneficios es interminable: tiene propiedades antioxidantes, fortalece los huesos y es eficaz contra el envejecimiento.

[4] ....

España es el mayor productor de aceite de oliva del mundo. Jaén, en Andalucía, es la capital del aceite.

[5] ....

El aceite de oliva virgen extra de extracción en frío es el más apreciado en la cocina. Las aceitunas de mayor calidad se destinan a la elaboración de este aceite.

[6] ....

En España existen muchísimos olivos con más de mil años. Se protegen como parte del patrimonio nacional.

6 Curiosidades del aceite de oliva virgen

1 En España se consumen 12 litros de aceite por persona y año.

2 El aceite de oliva tiene propiedades antinflamatorias. 50 gramos de aceite de oliva virgen extra son equivalentes a la décima parte de una aspirina.

3 El olivo tiene el mismo número de cromosomas que el ser humano, es decir, 46.

4 Médicos y profesionales recomiendan ingerir de 2 a 3 cucharadas de aceite de oliva virgen extra al día para fortalecer nuestro sistema inmunológico.

5 La provincia de Jaén tiene 66 millones de olivos.

6 Para fabricar 1 litro de aceite de oliva virgen extra es necesario usar unos 5 kilos de aceitunas.

2 **Todo el grupo** Busca información en internet sobre un producto básico en la dieta de tu país. Comparte los datos con el resto de compañeros.

Vídeo

Cartelera DE CINE

Dieta mediterránea

Sinopsis

Sofía es una chica de pueblo que ha crecido entre fogones[1]. Sus padres tenían una casa de comidas y, gracias a ello, ha ido descubriendo su talento innato para la cocina.

A su lado siempre está Toni, su marido y padre de sus tres hijos; pero, de repente, aparece Frank, un representante que quiere hacer de Sofía la mejor cocinera del mundo.

Cuando Sofía se da cuenta de que no puede prescindir de ninguno de los dos, se adentra en un triángulo amoroso y profesional de consecuencias insospechadas.

[1] *Fogón* es sinónimo de *cocina*. Cuando alguien crece entre fogones, significa que esa persona se ha criado en un ambiente en el que se cocina mucho; en un restaurante, por ejemplo.

Antes de la secuencia

1 **En parejas** En la primera imagen, Sofía acaba de cocinar varios platos de pescado. Fíjate en su expresión; ¿por qué crees que está tan contenta?

1.1 **Todo el grupo** ¿Conoces el nombre de algún pescado en español?

1.2 **En parejas** Para cocinar estos pescados utiliza una sartén, una olla y una plancha. ¿Qué platos haces tú en estos recipientes?

1.3 **En parejas** Fíjate en la expresión de Sofía en el segundo fotograma; ¿qué crees que le pasa?

Durante la secuencia

2 Sofía llega a la ciudad para trabajar en un restaurante y conoce a su compañera de piso. Completa el diálogo y visiona el fragmento 01:09 ▶ 01:33 para comprobar tu respuesta.

Nuria: Hola, soy Nuria.
Sofía: Hola.
Nuria: Encantada. Esta es mi [1] ...., si no te [2] ....
Sofía: Ah, perdón. ¿Tú también [3] .... en la cocina?
Nuria: No, en el [4] ...., de camarera. En la [5] .... ni loca; todos son hombres.

3 **En parejas** Sofía hace la prueba para trabajar en la cocina. Visiona el fragmento 01:34 ▶ 03:28 y elige la opción correcta.

1. ¿Qué significa 'tener enchufe' en un trabajo?
   a. Tener vacaciones.
   b. Tener un contacto.
   c. Tener un problema.
2. ¿Qué tres tipos de pescado tiene que cocinar?
   a. Trucha, sardina y lenguado.
   b. Trucha, rape y salmón.
   c. Trucha, rape y lenguado.
3. ¿Cuál de estos ingredientes no utiliza?
   a. sal
   b. perejil
   c. carne
   d. cebolla
   e. harina
   f. pimiento verde
   g. queso
   h. pimienta
   i. tomate
   j. vino blanco
   k. limón

4 Mira el final de la secuencia y comprueba tu respuesta a la actividad 1.3.

Después de la secuencia

5 **En parejas** Imagina que tú también tienes que hacer un plato para poder trabajar en un restaurante. ¿Qué harías?

Nombre del plato:

Utensilios necesarios:

Ingredientes:

Receta:

Tiempo estimado:

6 **En parejas** Contesta a este cuestionario y házselo luego a tu compañero/a. ¿Coincidís en alguna respuesta?

	Mi respuesta	La respuesta de mi compañero/a
1. ¿Hay algún plato de la cocina hispana que te apasione?		
2. ¿Cuándo fue la última vez que comiste pescado? ¿Qué tipo de pescado fue? ¿Cómo estaba cocinado?		
3. ¿Alguna vez has dejado un trabajo voluntariamente? ¿Cuál fue la razón?		
4. ¿Alguna vez has dejado todo por un sueño? ¿Qué fue lo que dejaste y cuál era el sueño?		

7 **Todo el grupo** ¿Conoces alguna película, serie o programa de televisión que gire en torno a la gastronomía? Explica su argumento o en qué consiste.

Evaluación

1 Lee las siguientes definiciones y, a partir de la letra inicial, escribe el nombre del alimento al que se refieren.

1. C.................................... Es una semilla con un alto nivel de proteínas.
2. E .... Es una verdura que tiene mucho hierro.
3. Q.................................... Es un cereal con un alto contenido en aminoácidos esenciales.
4. A.................................... Es una fruta del bosque con propiedades antibacterianas.
5. P.................................... Es una fruta con propiedades desintoxicantes.

2 Relaciona cada imagen con su descripción correspondiente.

a. Es un tipo de col rica en calcio y con pocas calorías.
b. Es un alimento ultraprocesado.
c. Es un alimento prohibido para los veganos, pues su origen es animal.
d. Tiene ácidos grasos omega 3 que ayudan a prevenir el cáncer.
e. Si eres vegetariano/a o vegano/a, nunca tomas ese producto.
f. Es un alimento prohibido para las personas con intolerancia a la lactosa.

3 Completa las siguientes frases condicionales.

1. Saldré con mis amigos mañana si ....
2. Ven a mi casa esta tarde si ....
3. Suelo ir andando al trabajo si ....
4. Viviré en un país extranjero si ....
5. Iré a comprar al supermercado si ....
6. Normalmente no hablo mucho si ....

4 Relaciona las siguientes frases.

1. Ana solo come frutas y verduras, por lo que...
2. Miguel es alérgico al gluten, de ahí que...
3. A Marta le encantan los superalimentos, o sea que...
4. Juan es intolerante a la lactosa, así que...
5. Si llevas una dieta sana, perderás peso y entonces...

a. si preparas ensalada de quinoa, seguro que se pondrá contenta.
b. te sentirás mejor.
c. es mejor que no pongas quesos en la cena.
d. es vegana.
e. no coma productos que lleven trigo.

5 Completa con *por* o *para* las siguientes conversaciones. Luego relaciona cada una con su uso correspondiente del recuadro.

a. intercambio, precio | **b.** dirección | **c.** parte del día | **d.** comparación en contraposición | **e.** lugar aproximado | **f.** plazo de tiempo

Diálogo 1 ☐
Mar: ¿Sabes? Voy a empezar una dieta vegana. Creo que la clave es sustituir la carne .... verduras con muchas proteínas.
Joana: Pues en el súper hay oferta de tomates. Dos kilos .... el precio de uno.
Mar: ¡Fenomenal!

Diálogo 2 ☐
Carlos: Estoy haciendo un trabajo sobre nutrición.
Esteban: ¡Qué interesante!
Carlos: Sí, el problema es que tengo poco tiempo.
Esteban: ¿..................... cuándo lo tienes que terminar?
Carlos: .... el próximo viernes.

Diálogo 3 ☐
Javi: ¿Sabes si el autobús 35 va al Retiro?
Rosa: Creo que sí.
Javi: Muchas gracias, voy .... allá dentro de un rato.

Diálogo 4 ☐
Tati: ¿Estás estudiando en España?
Elena: Sí, estoy estudiando en Zaragoza.
Tati: Yo conozco Zaragoza. ¿..................... dónde vives?
Elena: Vivo .... el centro, en la calle Alfonso I, muy cerca de la basílica del Pilar.

Diálogo 5 ☐
Ángel: Mira, ¿ese no es Pedro?
Valeria: Sí, es verdad, no lo conocía...
Ángel: ¡Madre mía! .... lo joven que es, está viejísimo.
Valeria: Tienes razón.

Diálogo 6 ☐☐
Iker: ¿Tú qué tomas .... la mañana?
María: Pues tomo yogur con cereales y chía.
Iker: ¿Por qué chía?
María: Porque es una semilla con grandes propiedades .... lo pequeña que es.

6 Escribe cinco datos sobre el aceite de oliva.

1. ....
2. ....
3. ....
4. ....
5. ....

7 En esta unidad, además de cuestiones lingüísticas, has tratado cuestiones relacionadas con la nutrición y las dietas. ¿Has aprendido algo nuevo sobre el tema? ¿Crees que cambiarás alguno de tus hábitos nutricionales después de lo que has aprendido? ¿Por qué?

Unidad

10

Fíjate en la imagen principal y en el título de la unidad; ¿cómo los relacionas con tu aprendizaje?

¿A qué hace referencia la imagen de los móviles en tu opinión?

¿Sabes qué es el comercio justo?

Línea de meta

En esta unidad vas a...

- Repasar los contenidos principales del nivel B1
- Hablar sobre el internet de las cosas
- Evaluarte con el *Marco de referencia* y reflexionar sobre lo que has aprendido
- Conocer los diez principios del comercio justo

¿Qué sabes?

1 En la novela *La silueta del olvido*[1], de Joaquín Camps, uno de sus personajes, Héctor, habla sobre su profesión. Lee estas dos frases extraídas del libro y completa la última con el nombre de la profesión a la que hace referencia.

"En la época de la posverdad no importa si la historia es real, solo importa si haces clic sobre ella. Los hechos están superados".

"Que en la primera frase que pronuncia haya una verdad y una mentira demuestra su perfecta adaptación al nuevo ....".

[1]Con esta novela, publicada por la editorial Planeta, Joaquín Camps ganó el Premio Azorín de Novela 2019.

1.1 **Todo el grupo** Según lo que has leído, ¿crees que Héctor tiene un buen concepto de su profesión? ¿Qué piensas tú del periodismo actual?

2 **En parejas** Tres periodistas hablan de cómo ha cambiado su profesión con la llegada de las nuevas tecnologías. Completa los textos con la forma adecuada del pasado de los verbos entre paréntesis.

María, reportera. Cuando yo [1] .... (empezar), hace unos 20 años, el trabajo [2] .... (ser) muy diferente; siempre [3] .... (ir) mi cámara y yo. [4] .... (Llegar, nosotros) al lugar, y, mientras él [5] .... (grabar), yo [6] .... (preguntar) qué [7] .... (pasar), [8] .... (tomar) notas en un cuaderno y luego, entre los dos, [9] .... (montar) la pieza para el informativo. Ahora, muchas veces, voy sola con mi teléfono, que hace de cámara. Pero lo más importante para mí es la inmediatez que me exigen; es importante ser los primeros en dar la noticia, así que tengo que montar el reportaje casi al momento.

Julián, locutor de radio. En mi trabajo, creo que en general ha habido pocos cambios. Antes solo [10] .... (contactar) con los oyentes por teléfono y ahora tenemos las redes sociales, los mensajes de texto, los correos...; pero en el fondo es igual. Lo que también [11] .... (cambiar) es que antes [12] .... (leer) el guion en papel y ahora lo leemos en el ordenador o en la tableta; eso es muy positivo. Recuerdo una vez que se me [13] .... (desordenar) las hojas y [14] .... (pasar) un mal rato hasta que [15] .... (decidir) olvidarme de ellas e improvisar.

Adrián, presentador de televisión. Recuerdo muy bien el día que [16] .... (presentar) el informativo por primera vez. [17] .... (Estar) bastante nervioso. [18] .... (Dormir) muy poco el día antes, [19] .... (equivocarse) un par de veces... Yo creo que la forma en que se llega a la información [20] .... (cambiar) mucho. Ahora hay más medios: internet, los espectadores, las agencias, las redes sociales... Y en mi profesión en concreto también. Antes, por ejemplo, [21] .... (presentar) siempre sentados detrás de la mesa y ahora nos movemos mucho por el plató, así que la imagen es más importante, yo creo.

3 **En pequeños grupos** El periodismo no es la única profesión que ha cambiado debido a la llegada de las nuevas tecnologías. Fíjate en las imágenes; ¿a qué profesiones hacen referencia? ¿Cómo eran antes y cómo son ahora?

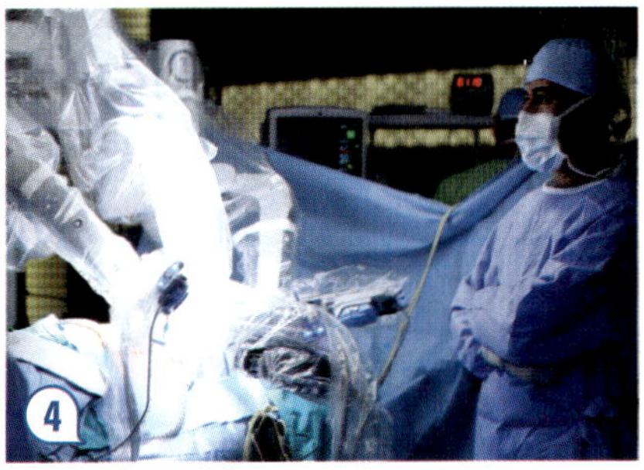

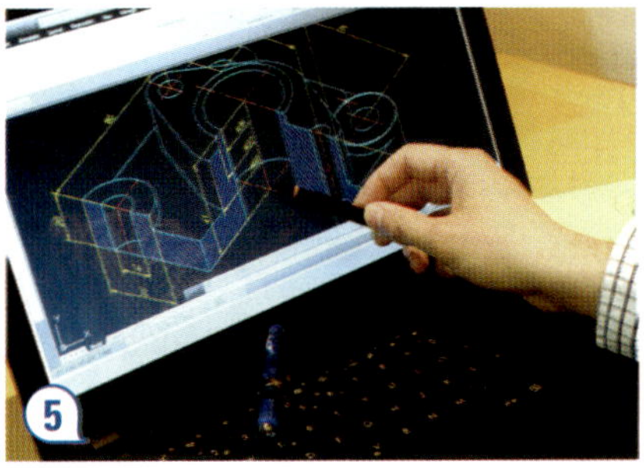

4 **En parejas** Vas a escuchar un programa donde se habla de la relación entre la tecnología y el trabajo. Antes lee las siguientes afirmaciones y marca las que, en tu opinión, son verdaderas. Compara con tu compañero/a. ¿Estáis de acuerdo?

1. ☐ La mayoría de los jóvenes encontrará un trabajo que hoy día aún no existe.
2. ☐ En 20 años, 50 profesiones habrán sido sustituidas por el trabajo de los robots.
3. ☐ Surgirán otras necesidades y, por tanto, otras profesiones.
4. ☐ Los sectores con más empleo serán el alimentario, el turístico y el sanitario.

4.1 [39] Escucha el audio y comprueba tus respuestas. ¿Has acertado en tus suposiciones?

5 **En parejas** ¿Y tú? ¿A qué te dedicas? ¿Has cumplido tus sueños? Contesta a las siguientes preguntas y habla con tus compañeros sobre el tema.

1. ¿Qué querías ser de pequeño/a?
2. ¿Te gustaría cambiar de profesión?
3. ¿Hay algo que te impida desarrollar tu carrera ideal?
4. ¿Crees que estás preparado/a para los cambios que se producirán en el futuro en el ámbito laboral?

Palabras

1 **En parejas** Di si los siguientes adjetivos de carácter son positivos (P) o negativos (N) y escribe su antónimo.

1. ☐ extravertido/a ≠ ....
2. ☐ responsable ≠ ....
3. ☐ cobarde ≠ ....
4. ☐ optimista ≠ ....
5. ☐ paciente ≠ ....
6. ☐ trabajador/a ≠ ....
7. ☐ sincero/a ≠ ....
8. ☐ honesto/a ≠ ....
9. ☐ inseguro/a ≠ ....
10. ☐ humilde ≠ ....
11. ☐ sociable ≠ ....
12. ☐ negativo/a ≠ ....
13. ☐ alegre ≠ ....
14. ☐ inmaduro/a ≠ ....

2 [40] Escucha e identifica, de las cinco personas que hablan, quiénes son las de la imagen.

2.1 **En parejas** Completa estas frases con las palabras del recuadro.

un perfil | las contraseñas | un programa | entra
se conecta | cuentas | cuelgan

1. .... con muchos dispositivos.
2. Tiene muchas .... en redes sociales.
3. .... en internet para comunicarse con su familia.
4. Han instalado .... que le impide ver algunas páginas de internet.
5. A veces olvida .... de sus cuentas.
6. Ve las fotos que .... sus familiares.
7. Se hizo .... en una red social de contactos.

2.2 [40] Escucha de nuevo y relaciona los enunciados anteriores con la persona que los dice.

- Rodrigo ....
- Nacho ....
- Álvaro ....
- Eva ....
- Diana ....

2.3 **En parejas** Después de escucharlas, ¿qué carácter crees que tienen estas personas? ¿En qué etapa de la vida está cada una (infancia, adolescencia, madurez...)? Justifica tus respuestas.

3 **En parejas** Lee el siguiente texto sobre la historia de la informática y complétalo con las palabras del recuadro.

época | siglos | etapa | décadas | periodo

Breve historia de la informática

La necesidad del ser humano de crear herramientas útiles para hacer sus cálculos de manera más precisa y rápida no es reciente: hace [1] .... la cultura china inventó el ábaco, ese instrumento cuadrado, de madera, con diez cuerdas o alambres donde poner las bolitas con las que hacer las cuentas y que seguramente todos hemos usado en la escuela cuando aprendíamos las bases de las matemáticas.

También de otra [2] .... es la *pascalina* (siglo XVII), que sirvió para automatizar las operaciones de suma y resta con un sistema de cilindros mecánicos.

Ahora bien, ninguno de estos instrumentos se parece a lo que hoy conocemos como *ordenador* o *computadora*.

La mayoría coincide en situar los primeros ordenadores en el [3] .... de la Segunda Guerra Mundial y los años posteriores: máquinas enormes, que se podían emplear para realizar cálculos de todo tipo, pero que no estaban pensadas para el público en general: por su tamaño, precio y complejidad, solo estaban al alcance de las empresas o universidades.

Fue [4] .... más tarde, en los setenta, cuando aparecieron los primeros ordenadores personales: unas cajas cuadradas o rectangulares, todavía demasiado pesadas como para llamarlos "portátiles", pero sí al menos "transportables". Empezó así una nueva [5] .... de popularización de los ordenadores. En esta revolución participó ya Steve Jobs, que años después volvió a sorprender al mundo con un pequeño aparato plano con los bordes redondeados y una pantalla de cristal que servía para escuchar música, realizar llamadas telefónicas y conectarse a internet: el famoso iPhone, el primer teléfono inteligente y una máquina que ha cambiado la forma de entender el mundo y relacionarse. ¿Qué será lo siguiente?

3.1 **En parejas** Marca las palabras del texto anterior que se refieren a la forma, el material y la función de los objetos y clasifícalas en su lugar correspondiente.

Forma	Material	Función
cuadrado,	*madera,*	*Sirve para...*

3.2 **Todo el grupo** ¿Cómo crees que serán los ordenadores del futuro? ¿De qué estarán hechos? ¿Qué forma tendrán?

Gramática

1 Subjuntivo para expresar deseos y preferencias y hacer peticiones (repaso)

- Para expresar **deseos** y **preferencias** se usan los verbos *querer, desear, esperar, tener ganas de* o *preferir* seguidos de **infinitivo** (si el sujeto de las oraciones principal y subordinada es el mismo) o *que* + **subjuntivo** (si el sujeto de ambas oraciones es diferente):

  *Jaime **quiere visitar** a María./Jaime **quiere que** María **venga** a visitarlo.*

  - También se usa la interjección *ojalá (que)* seguida siempre de **subjuntivo**:

    *Ojalá (que) **estemos** siempre juntos.*

  - La estructura *que* + **presente de subjuntivo** se usa para manifestar buenos deseos a otras personas. Son fórmulas sociales como ***¡que lo pases bien!, ¡que te vaya bien!, ¡que cumplas muchos más!, ¡que te mejores!, ¡que aproveche!, ¡que os divirtáis!, ¡que descanses!**...*

- Para hacer **peticiones** se usan los verbos *pedir, rogar* y *suplicar* seguidos de *que* + **subjuntivo**:

  *Le **ruego que espere** un momento, por favor.*

RAE

COMUNICACIÓN

En Hispanoamérica, algunas de estas expresiones son algo diferentes.

› Que la pases bien: *Congratulaciones anticipadas al joven abogado Rony Díaz Yánez. [...] **Que la pases bien**, amigo.*

› Que te vaya bonito (México): *Ojalá **que te vaya bonito**, ojalá que se acaben tus penas.*

› Que los cumplas feliz (Argentina): *Germán entra con una pequeña torta con 40 velitas encendidas y canta "**Que los cumplas feliz**".*

› Que te alivies: *Mami, espero **que te alivies** para que podamos estar juntas y vayamos a España de vacaciones.*

1.1 Pedro se muda a Alemania para terminar sus estudios. Escribe qué le desean o qué le piden estas personas. ¿Qué crees que desea él?

1. Sus padres: ....
2. Sus amigos: ....
3. Su novia: ....
4. Sus profesores en Alemania: ....
5. Sus compañeros de piso en Alemania: ....
6. Pedro: ....

1.2 **En parejas** Inventa una situación en la que podrías decir las siguientes frases. Trabaja con tu compañero/a.

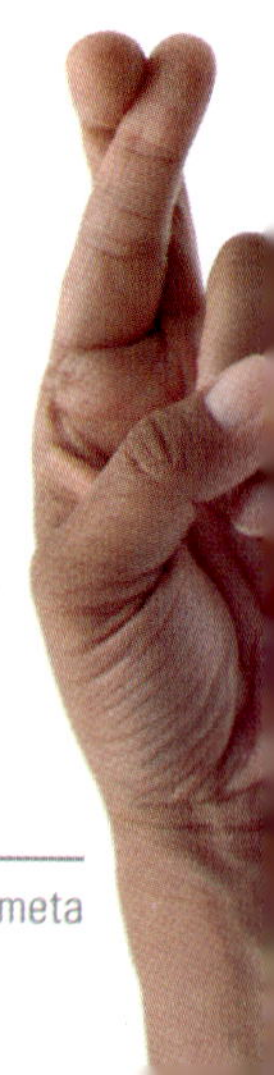

2 Subjuntivo con verbos de influencia: consejos y recomendaciones, órdenes, permiso y prohibición (repaso)

- Son verbos de influencia *aconsejar, recomendar, sugerir, mandar, ordenar, permitir, dejar* o *prohibir*. Este tipo de verbos se construyen con **infinitivo** o con *que* + **subjuntivo**:

  Os aconsejo ver/que veáis esa serie, es magnífica.

  Te prohibimos salir/que salgas de aquí hasta que no termines los deberes.

- *Es* *conveniente / recomendable / aconsejable*
  - + **infinitivo**, para hablar de **acciones o situaciones generales**:
    Es recomendable beber mucha agua los días de calor.
  - + *que* + presente de **subjuntivo**, para **personalizar el consejo**:
    Es aconsejable que estudiéis una hora diaria, por lo menos.

> Recuerda:
> En carteles es frecuente el uso de fórmulas impersonales: ***se prohíbe/permite, está permitido/prohibido*** seguidas de **infinitivo**:
> *(Está) Prohibido/Se prohíbe fumar.*
> *(Está) Permitido/Se permite circular por el arcén.*

2.1 **Todo el grupo** ¿Por qué crees que a estos verbos se les llama "de influencia"?

2.2 Fíjate en el ejemplo y transforma las siguientes frases.

Ejemplo: *No te vayas.* (prohibición) > *Te prohíbo que te vayas.*

1. No te rías. (consejo) › ....
2. Vuelve un poco más tarde. (permiso) › ....
3. Ve a esa exposición. (recomendación) › ....
4. No entres aquí. (prohibición) › ....
5. Estudia más. (sugerencia) › ....
6. Vete de aquí. (orden) › ....

2.3 [41] **En grupos pequeños** Javier es un niño de 10 años que tiene un problema. Escucha el audio y elabora con tus compañeros una lista de consejos y prohibiciones que ayuden a su familia a resolverlo.

3 Subjuntivo para expresar sentimientos y estados de ánimo (repaso)

- Existen diferentes construcciones para expresar **sentimientos** y **estados de ánimo**. Todas ellas van acompañadas de **infinitivo** si el sujeto de la oración subordinada es el mismo que el de la principal y de *que* + **subjuntivo** si los sujetos son distintos.
  - Verbos con la misma construcción que *gustar*, como *interesar, encantar, molestar, doler, importar, preocupar, extrañar* o *sorprender*.
    Me sorprende que todavía estés en la cama. ¡Si son las doce de la mañana!
  - Las locuciones *dar* + **sustantivo** *(miedo, pena, vergüenza...)* y *poner* + **adjetivo** *(triste, contento/a, furioso/a, nervioso/a...)*:
    Me pone furioso dejarme la nevera abierta. ¡Es que se estropea la comida!
  - Verbos en los que el sujeto es la persona que experimenta el sentimiento o emoción, como *soportar, sentir, lamentar, temer, odiar, aguantar* o *alegrarse*:
    Odio que la gente hable en voz alta.
  - Los estados de ánimo se expresan con *estar* + **adjetivo** *(cansado/a, harto/a, contento/a...)*:
    Estoy muy contenta de que hayáis venido a visitarme.
- Las expresiones *me da igual/lo mismo* expresan **indiferencia**.

> Recuerda:
> - Las locuciones con *dar* y *poner* se pueden construir con *cuando* o *si*. En este caso el verbo que introducen va siempre en indicativo y el verbo *poner* se hace reflexivo:
>   *Me pongo furioso cuando me dejo la nevera abierta.*
>   *Me da mucha lástima si veo a un niño llorar.*
> - Esto ocurre también con verbos como *enfadar(se), alegrar(se), aburrir(se)*:
>   *A Juan le aburre que le hablen de política./Juan se aburre cuando/si le hablan de política.*

3.1 **En parejas** Observa estas situaciones. ¿Qué sentimientos te producen?

4 Subjuntivo para expresar opinión y valoración (repaso)

- Tanto los verbos *pensar, creer* y *parecer* como las expresiones de **certeza** *(es verdad/cierto/obvio, está demostrado/claro/visto...)* se usan para expresar **opinión**.
  - Se construyen con *que* + **indicativo** cuando son **afirmativos**:
    Creo que el trabajo, tal y como lo conocemos hoy, desaparecerá.
    Está claro que ha cometido un delito y que tendrá que pagar por ello.
  - Se construyen con **subjuntivo** si van en forma **negativa**. En este caso, se usa el subjuntivo para **rebatir una opinión** expresada anteriormente o que se sobrentiende:
    Yo no creo que desaparezca, pero sí que cambiará mucho.
    Para mí no está claro que haya cometido un delito; quizá una infracción, ¡pero un delito...!
- Los **juicios de valor** sirven para calificar un hecho y, por tanto, también se usan cuando queremos opinar sobre un tema. Se construyen con *ser* y *parecer* + sustantivo o adjetivo valorativos *(una pena, una tontería, bueno, malo, indignante...)* o *estar* + adverbio valorativo *(bien, mal)*. Si el juicio de valor es general, la frase se construye con **infinitivo**; si se personaliza, con *que* + **subjuntivo**:
  Es bueno formarse para el futuro./Es bueno que te formes para el futuro.

> Recuerda:
> Para que el verbo subordinado vaya en subjuntivo, la negación tiene que estar en la oración principal:
> *Creo que el trabajo desaparecerá.*
> *Creo que el trabajo no desaparecerá.*
> *No creo que el trabajo desaparezca.*

4.1 **En parejas** Lee las siguientes opiniones sobre diversos temas y corrígelas si es necesario. ¿Estás de acuerdo con lo que dicen? Expresa tu opinión.

1 Es bueno que los niños acceden a la tecnología desde los primeros años.

2 Aprender es un proceso que nunca termina y es obvio que aprendamos a lo largo de toda nuestra vida.

3 No me parece que ir a la universidad es necesario para poder tener un buen futuro profesional.

5 Subjuntivo en oraciones de relativo con antecedente desconocido (repaso)

En las **oraciones de relativo** se usa el **subjuntivo** si el antecedente es **desconocido**, solo conocemos sus características, preguntamos por su existencia o la negamos:

Quiero una casa que tenga, al menos, cinco habitaciones y que sea exterior.

> Recuerda:
> Para preguntar y responder negativamente se usan los pronombres indefinidos *algo/nada, alguien/nadie*:
> ▶ *¿Hay algo que pueda hacer por ti?*
> ▷ *No hay nada que puedas hacer.*

5.1 Imagina que te mudas a vivir a una casa nueva. Escribe en tu cuaderno un texto enumerando las características que debe tener.

6 Subjuntivo para expresar hipótesis y probabilidad (repaso)

- En español, para expresar **hipótesis** y **probabilidad**, hay dos recursos principales:
  - El uso del **futuro simple**, el **futuro compuesto** y el **condicional**:
    Estará ocupada y no podrá llamarte, no te preocupes. (presente)
    ¿Habrá llegado ya al aeropuerto? (pasado reciente)
    ¿Que a qué hora se fue? Muy tarde, serían las tres de la mañana o así. (pasado)
  - El uso de los siguientes **adverbios** y **locuciones adverbiales**:

Con **indicativo**:	Con **indicativo y subjuntivo**:	Con **subjuntivo**:
– a lo mejor	– quizá(s)	– puede (ser) que
– lo mismo	– tal vez	– (no) es + posible / probable / imposible + que
– igual	– probablemente	
	– posiblemente	
	– seguramente	

A lo mejor está enfadado y por eso no te llama. (presente)
Probablemente han/hayan llegado ya a su destino. (pasado)

Recuerda:
En las expresiones que pueden llevar indicativo o subjuntivo, si el hablante usa el indicativo, cree que su suposición es más probable que si usa el subjuntivo.

RAE GRAMÁTICA
En el español de América (R. Dominicana, Uruguay y Venezuela) también se usa *de repente* con el significado de *posiblemente*:
*Por mi barrio hay un joyero que **de repente** lo puede arreglar… Mañana mismo se lo llevo.*

6.1 **En parejas** Escribe tres hipótesis en tu cuaderno sobre lo que va a hacer tu compañero/a después del curso. Luego coméntaselas; ¿has acertado?

7 Subjuntivo para expresar finalidad (repaso)

Para expresar la **función de un objeto** o el **objetivo de una acción**, se usa la preposición *para* seguida de **infinitivo** si el sujeto de la oración subordinada es el mismo que el de la oración principal, y *que* + **subjuntivo** cuando los sujetos son diferentes:

*Esta pluma tan rara servía **para escribir**.*
*Eva trabaja duro **para que** sus hijos **tengan** lo necesario para vivir.*

Recuerda:
- Otros marcadores de finalidad son ***con el fin/el objeto/la finalidad de (que)***. Se usan en **contextos** más **formales**.
- La preposición ***a*** se usa como marcador de finalidad con verbos de **movimiento**:
  *Vengo **a** que me ayudes.*

7.1 **En parejas** ¿Para qué utilizamos estas cosas?

una contraseña

una red social

un dron

un horno

una aplicación

una sartén

Practica en contexto

1 **Todo el grupo** ¿Qué es el *internet de las cosas*? Elige la definición que te parezca correcta y justifica tu respuesta.

1. Se trata de todas las cosas que pueden hacerse con la ayuda de internet.
2. Es la conexión de los objetos cotidianos a internet y también entre sí.
3. Son todos los objetos que pueden conectarse a internet.

RAE

LÉXICO

Las palabras internet y wifi se usan indistintamente en masculino y femenino. Ambas opciones son correctas:

*Investiga en **el internet** sobre quién puede necesitar una buena página web.*

*Fue un proyecto digital llamado a marcar un antes y un después en la historia de **la internet** mundial.*

*Seguro que el del segundo me está robando **el wifi**.*

*Esto de **la wifi** y de escribir cartas por teléfono es mágico.*

1.1 Lee la siguiente definición y comprueba tu respuesta anterior.

El internet de las cosas o IoT *(Internet of Things)* es un concepto que se basa en la interconexión, a través de internet, de las cosas de nuestro día a día. Estas *cosas* incluyen personas, objetos, animales, máquinas… Al estar todo interconectado, se transfieren datos que, analizados, permiten obtener una información que facilita la vida cotidiana y que contribuye a mejorar también la sociedad, ayudando, por ejemplo, en la gestión de las ciudades, de modo que sean más habitables y sostenibles.

1.2 **Todo el grupo** ¿Tienes o conoces algún objeto inteligente? ¿Cuál? Haced una lista con todos los que se mencionen en la clase.

2 **En parejas** ¿Cuáles de los siguientes objetos inteligentes existen ya?

1. Paraguas que predice el tiempo y que, además, te avisa para que no lo olvides en ningún sitio.

2. Tenedor que vigila tus comidas para que tu dieta sea saludable.

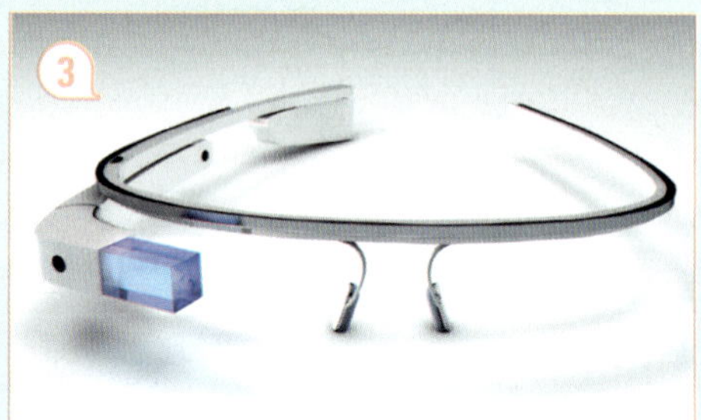

3. Gafas con GPS que te guían para que no te pierdas y sepas siempre dónde estás.

4. Zapatos que te dicen con qué ropa combinan mejor para que vayas siempre perfecto/a.

Huevera que te avisa si los huevos no están frescos para que no los comas en mal estado.

Cubo de basura que te manda un mensaje cuando está lleno para que cambies la bolsa.

Frigorífico que pide al supermercado los alimentos que le faltan para que no te quedes nunca sin comida.

Sofá que se calienta o enfría según el clima y que vibra para que te despiertes a la hora que le pidas.

2.1 [42] **Forma frases relacionando los elementos de las dos columnas. Luego escucha y comprueba tu respuesta. ¿Has marcado correctamente los objetos inteligentes de la actividad 2?**

1. Si se está acabando un alimento...
2. El paraguas manda un mensaje...
3. El tenedor elabora informes para...
4. La huevera analiza los huevos...
5. La parte de abajo del cubo sirve para...
6. Muy pronto usaremos el móvil...
7. Con las gafas inteligentes se puede...

a. para controlarlo casi todo.
b. que veas los progresos que haces.
c. lo añade a la lista de la compra.
d. para que te acuerdes de cogerlo.
e. aspirar lo que cae fuera de él.
f. consultar una dirección.
g. para evitar intoxicaciones.

2.2 **Todo el grupo** ¿Crees que los objetos inteligentes que no existen y que se mencionan en la actividad 2 serían útiles? Justifica tu respuesta.

3 **En parejas** Piensa en un objeto que te gustaría convertir en inteligente por medio del internet de las cosas y completa esta ficha. Fíjate en el ejemplo.

¿Qué objeto?

Una maceta que cambie de color cuando la planta necesite agua y que avise también de si le falta abono o necesita más luz.

....

....

....

¿Por qué este objeto?

Porque me encantan las plantas y me da mucha pena que se mueran por falta de riego o de otros cuidados.

....

....

....

Finalidad:

Para que la planta no se seque.

....

....

....

Consecuencia:

Así la planta estará siempre verde y bonita.

....

....

....

3.1 **Todo el grupo** Ahora, con toda la información que tienes, presenta tu objeto inteligente al resto de la clase.

Explicar la causa y matizar o desmentir una información

- Recuerda que para expresar la causa o el motivo de una acción usamos conectores como ***porque, puesto/ya que, por*** o ***como***:

  *Estudio piano **porque** me gusta la música.*
  ***Como** estoy cansado, me voy a dormir.*
  *Suspendió el examen **por** estudiar poco.*
  ***Ya/Puesto que** sales, compra leche.*

- Para matizar o desmentir una información o suposición previa explicando su verdadera causa o motivo se usa la estructura *no porque* + **subjuntivo**, *sino porque* + **indicativo**:

  *No salgo, **no porque** no **tenga** ganas, **sino porque** no **puedo**.*

Introducir una opinión y reaccionar

Recuerda que para **introducir tu opinión** o valoración puedes usar las expresiones ***para mí, a mí me parece que, según mi idea, desde mi punto de vista...*** y para reaccionar mostrando **acuerdo o desacuerdo** puedes usar las expresiones ***(no) estoy de acuerdo contigo, estoy a favor/en contra de esa opinión, (no) tienes razón, estoy de acuerdo, pero...***

3.2 **Todo el grupo** Valora los objetos de tus compañeros. Luego comparte con el resto de la clase tus valoraciones y, juntos, decidid cuál es el objeto inteligente más útil e interesante.

Recuerda:
Algunos adjetivos y sustantivos **valorativos** son:

Adjetivos valorativos		Sustantivos valorativos	
bueno/malo	justo	una vergüenza	una suerte
importante	sorprendente	una pena	una tontería
increíble	intolerable	un horror	un desastre
escandaloso	(...)	una buena/mala noticia	(...)

4 **Todo el grupo** Fíjate en la siguiente imagen y haz hipótesis sobre qué representa. ¿Crees que se refiere a un concepto positivo o negativo? Una pista: tiene relación con el internet de las cosas.

4.1 Lee el texto y subraya la frase a la que crees que se refiere la imagen anterior.

Ventajas y desventajas del IoT

Aunque esta tecnología es muy prometedora, inevitablemente tiene también desventajas; por ejemplo, hará que nuestra privacidad sea mucho más vulnerable y que empresas y Gobiernos nos vigilen constantemente, tendremos una dependencia excesiva de los dispositivos y se perderán muchos puestos de trabajo. Además, es posible que ese exceso de automatización nos lleve a una deshumanización de la sociedad y a la pérdida de las relaciones.

4.2 **Todo el grupo** Compara la frase que has subrayado con la de tus compañeros. ¿Habéis coincidido? ¿Estáis de acuerdo con lo que dice el texto o creéis que exagera?

Evocar recuerdos

- Para expresar que **se recuerda** algo podemos usar:
  - ***Recordar/Acordarse de*** + sustantivo/*que*...
    - ***Recuerdo/Me acuerdo de*** *ese día.*
    - ***Recuerdo que*** *cuando entré todos me miraron.*
  - ***No olvidar/No olvidarse de*** + sustantivo/*que*...
    - ***No he olvidado el/No me he olvidado del*** *primer día de clase.*
- Para expresar que **no se recuerda** algo podemos usar las mismas estructuras en forma negativa y afirmativa respectivamente.
- ***Me suena*** se usa para expresar un recuerdo vago de algo.

5 **En parejas** Hemos llegado al final del nivel B1. ¿Recuerdas qué expectativas tenías al comienzo del curso? ¿Te acuerdas del primer día de clase? ¿Estabas nervioso/a?

5.1 **Todo el grupo** ¿Conoces el *Marco común europeo de referencia para las lenguas*? ¿En qué consiste? ¿Para qué sirve?

5.2 Lee la información y comprueba tu respuesta anterior.

El *Marco común europeo de referencia para las lenguas* fue desarrollado por el Consejo de Europa para establecer una base común entre los Estados miembros en materia de aprendizaje de lenguas. Se publicó en 2001, precisamente el año en que se celebraba el Año Europeo de las Lenguas.

El *MCER* proporciona un marco general que indica lo que los estudiantes de idiomas tienen que aprender para ser capaces de utilizar una lengua extranjera de manera eficaz. Incluye seis niveles de aptitud en el aprendizaje de lenguas extranjeras, tal y como se puede observar en el gráfico.

Niveles de referencia según el *MCER*

5.3 **En grupos pequeños** A continuación tienes resumidos los objetivos que establece el *MCER* para el nivel B1. Léelos y comenta con tus compañeros en qué medida los has conseguido.

Comprender		Hablar		Escribir
Comprensión auditiva	Comprensión lectora	Interacción oral	Expresión oral	Expresión escrita
• Comprendo las ideas principales de discursos sobre asuntos cotidianos que tienen lugar en el trabajo, en la escuela, durante el tiempo de ocio... • Comprendo la idea principal de muchos programas de radio o televisión que tratan temas actuales o asuntos de interés personal o profesional.	• Comprendo textos redactados en una lengua cotidiana o relacionada con el trabajo. • Comprendo la descripción de acontecimientos, sentimientos y deseos en comunicaciones personales.	• Sé desenvolverme en casi todas las situaciones que se me presentan cuando viajo donde se habla esa lengua. • Puedo participar en una conversación que trate temas cotidianos de interés personal (familia, aficiones, trabajo, viajes y acontecimientos actuales).	• Sé enlazar frases de forma sencilla con el fin de describir experiencias y hechos, mis sueños, esperanzas y ambiciones. • Puedo explicar y justificar brevemente mis opiniones y proyectos. • Sé narrar una historia o relato, la trama de un libro o película y puedo describir mis reacciones.	• Soy capaz de escribir textos sencillos y bien enlazados sobre temas que me son conocidos o de interés personal. • Puedo escribir cartas personales que describen experiencias e impresiones.

5.4 **En grupos pequeños** Pide y da consejos a tus compañeros sobre alguno de los objetivos de este nivel que creáis que no habéis conseguido.

Pedir, dar y agradecer un consejo

- Para **pedir un consejo** puedes usar las siguientes expresiones:
  - **¿Puedes aconsejarme?**
  - **¿Qué me recomiendas/aconsejas?**
  - **¿A ti qué te parece?**
- Recuerda los verbos y expresiones para **dar consejos** que has aprendido:
  - ***Te aconsejo/recomiendo/sugiero*** + infinitivo/***que*** + subjuntivo
  - ***Es conveniente/aconsejable/recomendable*** + infinitivo/***que*** + subjuntivo
- Para **dar las gracias** puedes usar expresiones como:
  - **Muchas gracias por todo/tu consejo.**
  - **Te agradezco mucho tu ayuda.**
  - **Me has ayudado mucho, ¡gracias!**

5.5 **Todo el grupo** Piensa en todo lo que has aprendido en este curso. ¿Qué tipo de actividades te han gustado más? ¿Qué aspectos culturales te han parecido más interesantes? ¿Crees que conocer la cultura hispana te puede ayudar en tu aprendizaje del español? Justifica tu respuesta.

EL COMERCIO JUSTO

Tienda de comercio justo

1 **En parejas** ¿Sabes qué es el comercio justo? Estos son sus diez principios. ¿A qué crees que se refieren? ¿Cuál es su objetivo?

Los diez principios del comercio justo

1. Oportunidades para productores desfavorecidos
2. Transparencia y responsabilidad
3. Prácticas comerciales justas
4. Pago justo
5. - No al trabajo infantil
   - No al trabajo forzoso
6. - No a la discriminación
   - Igualdad de género
   - Libertad de asociación
7. Buenas condiciones de trabajo
8. Desarrollo de capacidades
9. Promoción del comercio justo
10. Respeto al medioambiente

La ONG Golden Silk, en Camboya, fabrica seda de manera tradicional y sostenible. La mayoría de sus trabajadores son mujeres.

Recogida del fruto del cacao

2 **Lee el texto y comprueba tus respuestas.**

Cada artículo que compramos tiene una historia, la historia de las personas que lo elaboran. Las historias de quienes cultivan, procesan, elaboran o cosen los productos están marcadas muchas veces por jornadas de trabajo extenuantes e inhumanas, por salarios que no alcanzan para vivir con dignidad, por ingresos que no cubren los costes de producción; historias marcadas por ser mujer u hombre, historias de niños y niñas que se han visto obligados a trabajar en lugar de ir a la escuela o jugar; historias, en definitiva, de injusticia.

Por todo ello, en la década de los cincuenta surgió un movimiento que ha ido creciendo con los años: el comercio justo. Su objetivo es mejorar el acceso al mercado de los productores más desfavorecidos y cambiar las injustas reglas del comercio internacional, que consolidan la pobreza y la desigualdad mundial.

Sus principios básicos son:

- Los productores tienen unas condiciones laborales y unos salarios que les permiten vivir con dignidad.
- No se permite la explotación laboral infantil.
- Se promueve la igualdad entre hombres y mujeres: ambos reciben un trato y una retribución económica equitativa.
- Los artículos se fabrican mediante prácticas respetuosas con el entorno en el que se producen.

El café y el chocolate son los dos productos que nos vienen a la cabeza cuando pensamos en el comercio justo. Sin embargo, además de estos clásicos que conocemos todos, las organizaciones y tiendas de comercio justo ofrecen ya productos con los que buscan adaptarse a las necesidades comunes: zapatillas deportivas, móviles, cremas solares y otros cosméticos, refrescos y todo tipo de productos de alimentación están ya disponibles para la venta bajo el sistema de comercio justo. Comprando estos productos puedes mejorar la calidad de vida y la economía local y nacional de los países productores exportadores.

Adaptado de http://comerciojusto.org y https://www.eldiario.es/economia/productos-comercio-justo-pensabas-existian_0_642186471.html

Vídeo

Cartelera DE CINE

Extraños

Sinopsis

Sofía recibe la noticia del suicidio de su madre con aparente pasividad.

Esta extraña conducta le resulta sospechosa a Eduardo, su marido, por lo que decide contratar al detective Lamarca para que la investigue.

El detective no encuentra nada raro durante su investigación; aun así, escribe un informe que, por error, llega a manos de Sofía. A partir de este momento todo se complica.

Goyo Lamarca es un detective solitario obsesionado por un sueño que se repite con frecuencia. Lamarca tratará de descifrar ese misterioso sueño implicando en el mismo a las personas relacionadas con la investigación del suicidio.

Antes de la secuencia

1 **En parejas** Si observas su cartel y lees su sinopsis, ¿cómo imaginas que terminará esta película? ¿A qué género crees que pertenece?

2 **Todo el grupo** En la película aparecen las siguientes profesiones. Explica en qué consiste cada una de ellas. ¿Cuáles crees que desaparecerán en el futuro?

1. detective
2. quiosquero/a
3. violonchelista
4. camarero/a
5. portero/a
6. mensajero/a

Durante la secuencia

3 En su investigación, el detective Lamarca realiza grabaciones en vídeo y las comenta. Visualiza la secuencia y elige la opción correcta.

1. ¿Cómo son las grabaciones de Lamarca?
   a. Breves y objetivas.
   b. Largas y aburridas.
   c. Subjetivas y en un tono muy personal.
2. ¿Qué lleva la protagonista en la mano?
   a. Un maletín rojo.
   b. Su violonchelo.
   c. Un periódico.
3. ¿En qué lugar está grabado el vídeo?
   a. En el jardín de Sofía.
   b. En un parque.
   c. En la parada de autobús.

El detective Lamarca

Sofía

4 **En parejas** Completa las siguientes frases de la secuencia con las palabras del recuadro. Puedes usar el diccionario. Luego compara con tu compañero/a.

apocado | embaucador | tendero | tomándose | mosquita aristas | contraseña | andares | tipo | presa

1. Por lo demás, todo sigue igual. Los mismos ...., el mismo pelo y .... a sí misma demasiado en serio, me temo.
2. Este tiene pinta de .... de una tienda de zapatos de hombre. Un tanto .... lo veo, sin ambición.
3. Ella no. Ella fría, sin relieves ni .... Como una máscara.
4. Pero no es mi .... No, no me gusta.
5. Este no tiene pinta de vendedor de bolsos de señora. Charlatán, ... En busca de una ...., seguro.
6. Todo y nada puede pasar. Un maletín rojo será mi ....
7. Vaya con la .... muerta.

4.1 Vuelve a ver la secuencia para comprobar tus respuestas anteriores.

4.2 **Todo el grupo** Al final de la secuencia hay un primer plano de un anuncio del periódico. Léelo y contesta a las preguntas.

1. ¿Quiénes son los hombres del parque?
2. ¿Por qué se sientan con Sofía? ¿Se conocen?
3. ¿Por qué crees que Sofía ha puesto ese anuncio en el periódico?
4. ¿Crees que en la actualidad se establecen relaciones por ese medio? ¿Qué se suele hacer ahora?

Ref. 75A

ME LLAMO SOFIA, si quieres compartir tu soledad conmigo, me encontrarás en El Retiro, frente al Palacio de Cristal, por las tardes. No importa edad. Todo y nada puede pasar. Un maletín rojo será mi contraseña. Ref. 83L

Después de la secuencia

5 **Todo el grupo** En la secuencia que has visto, el detective Lamarca sigue a Sofía y la graba en vídeo por encargo del marido de ella. Organizad un debate para discutir sobre la conveniencia o no de estos procedimientos. Podéis tener en cuenta los siguientes aspectos.

- Grabaciones en vídeo sin consentimiento
- Vida privada
- Métodos tecnológicos disponibles
- Ley de protección de datos

Evaluación

1 **Mira estos objetos. ¿Con cuál de las siguientes frases los asocias? Escribe en tu cuaderno otras tres frases para definir otra característica de cada uno de ellos.**

a. cubo de basura

b. tenedor

c. huevera

1. ☐ Es de metal.
2. ☐ Tiene un asa.
3. ☐ Está hecho/a de plástico.
4. ☐ Tiene cuatro puntas.
5. ☐ Está hecho/a de cartón.
6. ☐ Es para guardar huevos.
7. ☐ Tiene forma de cilindro.
8. ☐ Sirve para comer.
9. ☐ Parece una caja.

2 **Completa las siguientes frases con la forma correcta de los verbos entre paréntesis.**

1. A mí me encanta que en las fiestas .... (haber) mucha gente; si no la .... (conocer), casi mejor, me gusta esa sensación.
2. No me gusta que me .... (hacer, ellos) esperar. Si en un restaurante .... (tardar) más de 20 minutos en servirme, no vuelvo nunca más.
3. Odio que la gente .... (mentir), yo nunca lo .... (hacer).
4. No me gusta presumir, pero, sinceramente, creo que .... (ser) un buen amigo y solo les pido a mis amigos que .... (ser) tan leales, detallistas y honestos como yo.
5. Hay gente que cree que cualquier tiempo pasado .... (ser) mejor; pero yo no creo que eso .... (ser) cierto. Mañana será mejor que hoy. Esta forma de pensar me ayuda a levantarme cada día de buen humor.
6. Yo necesito controlarlo todo en mi trabajo. Siempre .... (revisar) los documentos dos o tres veces; pero, aun así, antes de .... (mandar) los informes al jefe, le pido a algún compañero que los .... (revisar) también.
7. Me preocupa mucho el cambio climático. Si no .... (resolver, nosotros) este problema, es posible que el mundo que conocemos .... (desaparecer) en poco tiempo.
8. Me parece absurdo que la gente .... (tener) prisa por todo. Yo creo que siempre .... (haber) que tomarse las cosas con más calma.

3 **Mira estos perfiles de una red social e indica a quién podrían pertenecer los comentarios anteriores. Justifica tu respuesta en tu cuaderno.**

☐ ☐ **Mario**
Es abierto, nervioso, alegre y un poco inseguro.

☐ ☐ **Adriana**
Es sincera, introvertida y optimista.

☐ ☐ **Alicia**
Es habladora, impaciente y un poco pesimista.

☐ ☐ **Pedro**
Es serio, un poco creído y tranquilo.

4 Relaciona cada frase con su uso en subjuntivo.

1. Los aparatos que se inventen en los próximos años tendrán internet de alta velocidad.
2. En la actualidad es probable que haya más gente conectada a la red que fuera de ella.
3. Algunos colegios no permiten a sus estudiantes que utilicen el teléfono en el centro.
4. Me parece perfecto que el wifi sea gratis.
5. Se han realizado algunos cambios en la web con el fin de que el usuario tenga una mejor experiencia.
6. Espero que para el próximo año podamos cambiar los ordenadores de la oficina.
7. Me molesta bastante que cada año hagan pequeños cambios tecnológicos en vez de esperar a hacer cambios más importantes y significativos.

a. Deseo o petición
b. Verbo de influencia
c. Opinión y valoración
d. Finalidad
e. Hipótesis y probabilidad
f. Sentimiento y estado de ánimo
g. Antecedente desconocido

5 Relaciona cada opinión con su respuesta correspondiente.

1. ☐ Los jóvenes prefieren estar conectados a estar con sus amigos.

2. ☐ Cada vez somos más dependientes de la tecnología.

3. ☐ Los avances en la tecnología no siempre conllevan cambios en la sociedad.

a. Es evidente que se usa para muchas cosas, pero creo que la gente es responsable.
b. Yo creo que no es verdad. Me parece que se relacionan en las redes y que es allí donde se encuentran.
c. Estoy de acuerdo contigo, pero solo en parte, porque tarde o temprano tienen consecuencias que terminan afectando, de una manera u otra, a las personas.

6 Relaciona las frases de las dos columnas mediante uno de los nexos propuestos.

1. Se me ha estropeado el móvil,...
2. Siempre estoy conectado...
3. El ordenador va lento...
4. Estudié informática...
5. No tiene batería...
6. No sabe de informática,...

[así que / porque / por]

a. tiene un virus.
b. tengo que comprarme otro.
c. se ha apuntado a un curso.
d. necesito un cargador.
e. mi trabajo.
f. me gusta la tecnología.

7 Piensa en la actividad en la que has evaluado tus conocimientos del nivel B1 según el *Marco de referencia*. ¿Ha sido útil? ¿Te ha aclarado en qué puntos eres fuerte y en cuáles debes mejorar? ¿Crees que ha valido la pena estudiar español? ¿Vas a continuar con el nivel B2?

Apéndices

Pronunciación y ortografía

Ficha 6 Grafías g/j, c/qu/k, b/v

1 **En parejas** Con tu compañero/a, mira los cuadros sobre las grafías *g/j* y *c/qu/k* que tienes a continuación y busca en internet ejemplos de palabras para completarlas.

Las grafías *g/j*

- La letra ***g***
  - Palabras que terminan en ***-gen, -gente, -gencia***.
    Ejemplos: ....
  - Palabras que comienzan con ***geo-***
    Ejemplos: ....
  - Grupo ***gü*** delante de ***e, i***.
    Ejemplos: ....
- La letra ***j***
  - Pretérito indefinido de ***decir*** y ***traer*** (y sus derivados).
    Ejemplos: ....
  - Pretérito indefinido de verbos terminados en ***-ducir*** (y sus derivados).
    Ejemplos: ....

Las grafías *c/qu/k*

- La letra ***c***
  - Representación gráfica del fonema /k/ en posición final de palabra.
    Ejemplos: ....
- La letra ***q***
  - Sustitución de ***c*** por ***qu*** en la 1.ª persona del singular del pretérito indefinido y en todas las personas del presente de subjuntivo de los verbos terminados en ***-car***.
    Ejemplos: ....
- Las letras ***q/k***
  - Doble grafía ***qu, k***.
    Ejemplos: *kilo/quilo*...

2 En este cuadro aparecen algunas normas ortográficas sobre la escritura de *b/v*. Escribe ejemplos de los diferentes usos. Puedes utilizar el diccionario.

Las grafías *b/v*

- La letra ***b***
  - Verbos terminados en ***-bir***. Excepciones: ***hervir, servir, vivir***.
    Ejemplos: *escribir*,...
  - Palabras que comienzan con el elemento ***bien-***.
    Ejemplos: *bienestar*,...
  - Palabras que comienzan con el elemento ***bio-***.
    Ejemplos: *biólogo*,...
  - Palabras que comienzan con ***biblio-***.
    Ejemplos: *biblioteca*,...
  - Palabras con el sonido /b/ delante de consonante. Excepciones: *ovni*.
    Ejemplos: *objeto*,...
- La letra ***v***
  - Imperativo y presente de indicativo y subjuntivo de ***ir***.
    Ejemplos: *ve*,...
  - Verbos que terminan en ***-olver***.
    Ejemplos: *volver*,...

Ficha 7 Consonantes palatales: contraste /ch/ y /y/. Abreviaturas, siglas y acrónimos

1 [48] **Escucha y repite las siguientes palabras que contienen los sonidos /ch/, /y/ o ambos.**

- millón
- chicharro
- churro
- amarillear
- chaleco
- yegua
- yuca
- champiñón
- arcilla
- apellido
- llaga
- mechero
- anochecer
- chocolate
- anchoa
- cuchillo

Recuerda:

- El sonido /y/ se escribe con la grafía *y* (ye/i griega) o la *ll* (elle). Esta última es un dígrafo (es decir, un sonido representado por dos letras) de *l* + *l*.
- La *y* es una letra que corresponde a dos sonidos: /y/ (consonante) o /i/ (vocal): *ya, doy*.
  - Desde el año 2010 la nueva *Ortografía de la lengua española* recomienda el nombre de *ye* para denominar a esta letra, sustituyendo a su otra denominación más extendida en España, *i griega*. Este cambio obedece al objetivo de estandarización del nombre de las consonantes del abecedario español: generalmente, a la consonante se le añade la vocal *e;* por ejemplo, *be, ce, de...* Por analogía, la *i griega* pasa a ser *ye*.
- La grafía ***ch*** es también un dígrafo de *c* + *h*.

2 **¿Sabes cómo se llaman este tipo de palabras? ¿Qué significa cada una de ellas?**

1. Renfe
2. ovni
3. a. C.
4. apdo.
5. C.
6. informática
7. FM
8. p. ej.
9. TVE
10. adj.

2.1 **Lee el cuadro que tienes a continuación y complétalo con ejemplos de la actividad 2.**

Abreviaturas, siglas y acrónimos

- La **abreviatura** es el acortamiento de una palabra o varias palabras. Si la palabra de origen se escribe con mayúscula o lleva tilde, la abreviatura también lo hará. Por regla general, después de una abreviatura se escribe punto. En su lectura en un texto escrito, leeremos la palabra completa, nunca la abreviatura. Ejemplos: *pág.* por *página*, *Dra. Sabas* por *Doctora Sabas*, [1] ....
- La **sigla** es la palabra resultante de la unión de las letras iniciales de varios términos. El resultado puede ser:
  - Una palabra **impronunciable** como *ISBN* (por *International Standard Book Number*). Estas palabras se leen letra por letra, siempre se escriben en mayúscula y nunca separadas por puntos. El plural de las siglas lo marcan las palabras que las acompañan. Ejemplos: *ONG*, [2] ...., *LP*.
  - Una palabra **pronunciable** como *ONU* (por *Organización de las Naciones Unidas*). Estas palabras se llaman **acrónimos**. Se leen como palabras y, si su uso es muy frecuente, se pueden llegar a escribir en minúscula. Los acrónimos también pueden ser palabras formadas por el principio y el final de dos o más palabras. Ejemplos: *internet, módem*, [3] ....

Fíjate:
En español muchas siglas y acrónimos se adaptan a nuestra lengua, por lo que es posible que no coincidan con tu idioma. Por ejemplo, *ONU* por *UNO*, *OTAN* por *NATO*, *SIDA* por *AIDS*...

2.2 **En parejas** **Haz una lista de las abreviaturas, siglas y acrónimos que conozcas en español y ponlas en común con el resto de la clase.**

2.3 **Explica el significado de estos acrónimos.**

1. teleñeco ....
2. docudrama ....
3. módem ....
4. emoticono ....
5. AVE ....
6. ofimática ....

Ficha 8 Consonantes vibrantes: contraste /r/ y /rr/. Grafías r/rr

1 [49] Escucha la letra de esta canción del grupo de *folk metal* Mägo de Oz. ¿Qué caracteriza a la mayoría de las sílabas con erre que aparecen?

Tres tristes tigres

La tristeza es siempre
como una esponja,
absorbe el agua de la vida
hasta hacerla morir.

Sentir deseo
y estrangularlo a un tiempo
es llenar el mar de piedras
e intentarlo cruzar.

Cuando veas que no puedes soportar
el vacío de la soledad,
si la fuerza solo en tu saliva está,
aprende a actuar.

Cuando sientas la necesidad,
no es bueno solo dar de ti
la parte amable y "que todo va bien".
Aprende a llorar.

Las marcas que deja la vida
en la cara se ven,
las huellas que deja el amor
en el corazón se leen.

Aprende a ver y a leer.

Mägo de Oz, álbum *Finisterra*, 2000

2 Subraya todas las erres que tienen sonido fuerte en esta canción del grupo Estopa y después léela en voz alta, pronunciándola correctamente.

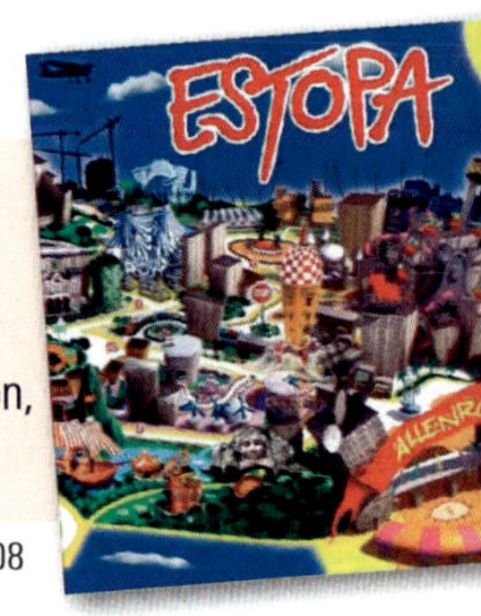

El runrún

Suena el runrún de mi mundo marrón,
doble ración de realidad común.
Desde un rincón de mi habitación,
primera fila solo para mí.

A mí me suena el runrún de mi corazón,
no se me quita el gusanillo de ti,
me suena el runrún dentro de una estación,
mi último tren ya no quiere salir.

Estopa, álbum *Allenrok*, 2008

2.1 Observa los textos anteriores y encuentra ejemplos para el siguiente cuadro, donde se explica la ortografía de la erre *(r, rr)*.

Grafías *r/rr*

• Sonido suave

	Se escribe	Ejemplo	
– Entre vocales	*r*	[1]	
– A final de sílaba o palabra	*r*	[2]	[3] ....
– Detrás de consonante *(b, c, d, f, g, p, t)*	*r*	*septiembre*	[6] ....
		[4]	[7] ....
		[5]	[8] ....
		frutería	

• Sonido fuerte

	Se escribe	Ejemplo
– Al principio de palabra	*r*	*rima*
– Entre vocales	*rr*	*morro*
– Después de *l*, *n* y *s*	*r*	*alrededor, honrado, Israel (Is-ra-el)*
– Detrás de las consonantes *b*, *d* y *t* cuando no forma sílaba con ellas	*r*	*subrogar*

1 La entonación en español afecta al sentido global de la frase y puede denotar diferentes aspectos como, por ejemplo, la intención del hablante, su expresión afectiva, deseo, mandato, ruego…

Esquemas entonativos básicos del español

Frases enunciativas	Frases interrogativas		Frases exclamativas
Viene.	*¿Viene?* (total)	*¿Cuándo viene?* (parcial)	*¡Viene!*

1.1 **En parejas** Lee las frases que hay a continuación y sigue las pautas.

1. En Almería no llueve con frecuencia.
2. ¿Te gustaría jugar un partido de tenis?
3. ¿Cuándo fuiste de viaje a Badajoz?
4. ¡Ojalá tenga suerte en el examen!
5. Quiero comprarme un ordenador nuevo, pero…
6. ¿Sabes que el español es el segundo idioma por número de hablantes?
7. ¿Cuánta gente estudia español en el mundo?
8. ¡Quiero volver a estudiar en España!
9. Dentro de poco tiempo empiezo a estudiar el nivel B2.
10. ¿Necesitas que te compre alguna cosa del supermercado?
11. ¡Necesito unas vacaciones!
12. Si me tocara la lotería…

1. Elige cuatro de ellas y díselas a un/a compañero/a, pero con la boca cerrada, solo debes entonar.
2. Tu compañero/a debe adivinar a qué frase te refieres.
3. Después, juntos, decidid a qué tipo de esquema entonativo pertenecen las frases que habéis elegido: enunciativo, interrogativo total, interrogativo parcial o exclamativo.

1.2 Fíjate en el cuadro y vuelve a leer las frases anteriores. Luego clasifícalas en la tabla que hay a continuación.

Patrones entonativos

Ascendente: cuando la entonación final sube:
Descendente: cuando la entonación final cae:
Suspendido: cuando la entonación final se mantiene:
Mixto: cuando los anteriores se mezclan en la misma oración.

Ascendente	Descendente	Suspendido	Mixto

Ficha 10 Entonación (2): identificación y producción de patrones entonativos complejos

1 [50] **Escucha las siguientes frases, fíjate en su entonación y repítelas. Después escribe otro ejemplo de cada caso.**

Tipo de oración	Patrón entonativo	Ejemplos
Enunciativa	Descendente	*Por la mañana tomo leche.* ....
Interrogativa parcial	Descendente	*¿Quién es Juan?* ....
Expresión de disgusto o reproche	Descendente	*¡No puedo más!* ....
Interjecciones	Descendente	*¡Oye!* ....
Interrogativa total	Ascendente	*¿Tienes ganas de verme?* ....
Interrogativa de cortesía	Ascendente	*¿Puedes pasarme la sal?* ....
Interjecciones	Ascendente	*¡Eo!* ....
Grupos fónicos intermedios	Ascendente	*Si quieres, vamos juntos.* ....
Expresión de duda	Suspendido	*Bueno, no sé...* ....
Expresión de deseo	Suspendido	*Si tuviera dinero...* ....
Expresión de intensificación	Suspendido	*¡Es grandísimo!* ....

1.1 **Ahora comparte con el resto de la clase las frases que has escrito. Léelas en voz alta haciendo hincapié en la entonación.**

Tabla de verbos

Presente de indicativo

Verbos regulares

1.ª conjugación -AR CANTAR	2.ª conjugación -ER COMER	3.ª conjugación -IR VIVIR
canto	como	vivo
cantas	comes	vives
canta	come	vive
cantamos	comemos	vivimos
cantáis	coméis	vivís
cantan	comen	viven

Verbos reflexivos regulares

Bañarse	Ducharse	Lavarse	Levantarse	Peinarse
me baño	**me** ducho	**me** lavo	**me** levanto	**me** peino
te bañas	**te** duchas	**te** lavas	**te** levantas	**te** peinas
se baña	**se** ducha	**se** lava	**se** levanta	**se** peina
nos bañamos	**nos** duchamos	**nos** lavamos	**nos** levantamos	**nos** peinamos
os bañáis	**os** ducháis	**os** laváis	**os** levantáis	**os** peináis
se bañan	**se** duchan	**se** lavan	**se** levantan	**se** peinan

Verbos irregulares

Verbos con irregularidad vocálica

- **E > IE**

Cerrar	Comenzar	Despertarse	Divertirse	Empezar
c**ie**rro	com**ie**nzo	me desp**ie**rto	me div**ie**rto	emp**ie**zo
c**ie**rras	com**ie**nzas	te desp**ie**rtas	te div**ie**rtes	emp**ie**zas
c**ie**rra	com**ie**nza	se desp**ie**rta	se div**ie**rte	emp**ie**za
cerramos	comenzamos	nos despertamos	nos divertimos	empezamos
cerráis	comenzáis	os despertáis	os divertís	empezáis
c**ie**rran	com**ie**nzan	se desp**ie**rtan	se div**ie**rten	emp**ie**zan

Entender	Merendar	Pensar	Perder	Querer
ent**ie**ndo	mer**ie**ndo	p**ie**nso	p**ie**rdo	qu**ie**ro
ent**ie**ndes	mer**ie**ndas	p**ie**nsas	p**ie**rdes	qu**ie**res
ent**ie**nde	mer**ie**nda	p**ie**nsa	p**ie**rde	qu**ie**re
entendemos	merendamos	pensamos	perdemos	queremos
entendéis	merendáis	pensáis	perdéis	queréis
ent**ie**nden	mer**ie**ndan	p**ie**nsan	p**ie**rden	qu**ie**ren

• O › UE

Acordarse	Acostarse	Almorzar	Contar	Dormir	Encontrar
me acuerdo	me acuesto	almuerzo	cuento	duermo	encuentro
te acuerdas	te acuestas	almuerzas	cuentas	duermes	encuentras
se acuerda	se acuesta	almuerza	cuenta	duerme	encuentra
nos acordamos	nos acostamos	almorzamos	contamos	dormimos	encontramos
os acordáis	os acostáis	almorzáis	contáis	dormís	encontráis
se acuerdan	se acuestan	almuerzan	cuentan	duermen	encuentran

Poder	Recordar	Resolver	Soler	Soñar	Volver
puedo	recuerdo	resuelvo	suelo	sueño	vuelvo
puedes	recuerdas	resuelves	sueles	sueñas	vuelves
puede	recuerda	resuelve	suele	sueña	vuelve
podemos	recordamos	resolvemos	solemos	soñamos	volvemos
podéis	recordáis	resolvéis	soléis	soñáis	volvéis
pueden	recuerdan	resuelven	suelen	sueñan	vuelven

• E › I

Elegir	Pedir	Reírse	Repetir	Servir	Vestirse
elijo	pido	me río	repito	sirvo	me visto
eliges	pides	te ríes	repites	sirves	te vistes
elige	pide	se ríe	repite	sirve	se viste
elegimos	pedimos	nos reímos	repetimos	servimos	nos vestimos
elegís	pedís	os reís	repetís	servís	os vestís
eligen	piden	se ríen	repiten	sirven	se visten

• U › UE	• I › Y				
Jugar	Concluir	Construir	Contribuir	Destruir	Huir
juego	concluyo	construyo	contribuyo	destruyo	huyo
juegas	concluyes	construyes	contribuyes	destruyes	huyes
juega	concluye	construye	contribuye	destruye	huye
jugamos	concluimos	construimos	contribuimos	destruimos	huimos
jugáis	concluís	construís	contribuís	destruís	huis
juegan	concluyen	construyen	contribuyen	destruyen	huyen

Verbos irregulares en la primera persona

- **Verbos en -ZC-**

Conducir	Conocer	Obedecer	Producir	Traducir
condu**zco**	cono**zco**	obede**zco**	produ**zco**	tradu**zco**
conduces	conoces	obedeces	produces	traduces
conduce	conoce	obedece	produce	traduce
conducimos	conocemos	obedecemos	producimos	traducimos
conducís	conocéis	obedecéis	producís	traducís
conducen	conocen	obedecen	producen	traducen

Otros verbos irregulares en la primera persona

Caer	Dar	Hacer	Poner	Saber	Salir
caigo	**doy**	**hago**	**pongo**	**sé**	**salgo**
caes	das	haces	pones	sabes	sales
cae	da	hace	pone	sabe	sale
caemos	damos	hacemos	ponemos	sabemos	salimos
caéis	dais	hacéis	ponéis	sabéis	salís
caen	dan	hacen	ponen	saben	salen

Traer	Valer	Ver
traigo	**valgo**	**veo**
traes	vales	ves
trae	vale	ve
traemos	valemos	vemos
traéis	valéis	veis
traen	valen	ven

Verbos con dos irregularidades

Decir	Oír	Oler	Tener	Venir
digo	**oigo**	**hue**lo	**tengo**	**vengo**
d**i**ces	o**y**es	**hue**les	t**ie**nes	v**ie**nes
d**i**ce	o**y**e	**hue**le	t**ie**ne	v**ie**ne
decimos	oímos	olemos	tenemos	venimos
decís	oís	oléis	tenéis	venís
d**i**cen	o**y**en	**hue**len	t**ie**nen	v**ie**nen

Verbos con irregularidades propias

Estar	Haber	Ir	Ser
estoy	**he**	**voy**	**soy**
estás	**has**	**vas**	**eres**
está	**ha**	**va**	**es**
estamos	**hemos**	**vamos**	**somos**
estáis	habéis	**vais**	**sois**
están	**han**	**van**	**son**

Recuerda:

- El verbo ***haber*** se usa principalmente para formar los tiempos compuestos de los verbos.
- Cuando funciona como verbo impersonal, tiene una forma especial en presente, ***hay***:
  - ***Hay*** *un árbol en la esquina.*
  - ***Hay*** *árboles en el parque.*
- El verbo ***estar*** cambia la sílaba tónica habitual del presente de indicativo en todas las personas excepto en *nosotros/as* y *vosotros/as* (por eso algunas formas llevan tilde).

Verbos que se construyen como *gustar*

Doler	Encantar	Molestar	Parecer
me d**ue**le/d**ue**len	me encanta/encantan	me molesta/molestan	me parece/parecen
te d**ue**le/d**ue**len	te encanta/encantan	te molesta/molestan	te parece/parecen
le d**ue**le/d**ue**len	le encanta/encantan	le molesta/molestan	le parece/parecen
nos d**ue**le/d**ue**len	nos encanta/encantan	nos molesta/molestan	nos parece/parecen
os d**ue**le/d**ue**len	os encanta/encantan	os molesta/molestan	os parece/parecen
les d**ue**le/d**ue**len	les encanta/encantan	les molesta/molestan	les parece/parecen

Imperativo afirmativo

Verbos regulares

	1.ª conjugación -AR CANTAR	2.ª conjugación -ER COMER	3.ª conjugación -IR VIVIR
tú	cant**a**	com**e**	viv**e**
usted	cant**e**	com**a**	viv**a**
vosotros/as	cant**ad**	com**ed**	viv**id**
ustedes	cant**en**	com**an**	viv**an**

Verbos irregulares

Irregularidades vocálicas

- **E > IE**

Cerrar	Empezar	Pensar
c**ie**rra	emp**ie**za	p**ie**nsa
c**ie**rre	emp**ie**ce	p**ie**nse
cerrad	empezad	pensad
c**ie**rren	emp**ie**cen	p**ie**nsen

- **O > UE**

Contar	Dormir	Volver
c**ue**nta	d**ue**rme	v**ue**lve
c**ue**nte	d**ue**rma	v**ue**lva
contad	dormid	volved
c**ue**nten	d**ue**rman	v**ue**lvan

- **U > UE**

Jugar
juega
juegue
jugad
jueguen

- **E > I**

Elegir	Pedir	Vestir
elige	pide	viste
elija	pida	vista
elegid	pedid	vestid
elijan	pidan	vistan

- **I > Y**

Construir	Huir
construye	huye
construya	huya
construid	huid
construyan	huyan

Verbos completamente irregulares

Decir	Hacer	Ir	Oír	Poner	Salir	Ser	Tener	Venir
di	**haz**	**ve**	**oye**	**pon**	**sal**	**sé**	**ten**	**ven**
diga	**haga**	**vaya**	**oiga**	**ponga**	**salga**	**sea**	**tenga**	**venga**
decid	haced	id	oíd	poned	salid	sed	tened	venid
digan	**hagan**	**vayan**	**oigan**	**pongan**	**salgan**	**sean**	**tengan**	**vengan**

La segunda persona del plural *(vosotros/as)* del imperativo es siempre regular.

Verbos reflexivos

Acostarse	Despertarse	Dormirse	Levantarse	Reírse	Vestirse
acuéstate	despiértate	duérmete	levántate	ríete	vístete
acuéstese	despiértese	duérmase	levántese	ríase	vístase
acostaos	despertaos	dormíos	levantaos	reíos	vestíos
acuéstense	despiértense	duérmanse	levántense	ríanse	vístanse

Pretérito perfecto de indicativo

Verbos regulares

1.ª conjugación -AR CANTAR	2.ª conjugación -ER COMER	3.ª conjugación -IR VIVIR
he cantado	**he** comido	**he** vivido
has cantado	**has** comido	**has** vivido
ha cantado	**ha** comido	**ha** vivido
hemos cantado	**hemos** comido	**hemos** vivido
habéis cantado	**habéis** comido	**habéis** vivido
han cantado	**han** comido	**han** vivido

Participios irregulares

abrir > **abierto**	escribir > **escrito**	poner > **puesto**	romper > **roto**
cubrir > **cubierto**	hacer > **hecho**	prever > **previsto**	satisfacer > **satisfecho**
decir > **dicho**	imprimir > **impreso, imprimido**	resolver > **resuelto**	ver > **visto**
descubrir > **descubierto**	morir > **muerto**	revolver > **revuelto**	volver > **vuelto**

Pretérito indefinido

Verbos regulares

1.ª conjugación -AR CANTAR	2.ª conjugación -ER COMER	3.ª conjugación -IR VIVIR
canté	comí	viví
cantaste	comiste	viviste
cantó	comió	vivió
cantamos	comimos	vivimos
cantasteis	comisteis	vivisteis
cantaron	comieron	vivieron

Verbos con cambios gráficos

• C › QU		• G › GU		• Z › C	
Buscar	Pescar	Jugar	Pegar	Comenzar	Empezar
bus**qu**é	pes**qu**é	ju**gu**é	pe**gu**é	comen**c**é	empe**c**é
buscaste	pescaste	jugaste	pegaste	comenzaste	empezaste
buscó	pescó	jugó	pegó	comenzó	empezó
buscamos	pescamos	jugamos	pegamos	comenzamos	empezamos
buscasteis	pescasteis	jugasteis	pegasteis	comenzasteis	empezasteis
buscaron	pescaron	jugaron	pegaron	comenzaron	empezaron

Verbos irregulares

Verbos irregulares en la raíz verbal

Andar	Caber	Estar	Haber	Hacer	Poder
anduve	cupe	estuve	hube	hice	pude
anduviste	cupiste	estuviste	hubiste	hiciste	pudiste
anduvo	cupo	estuvo	hubo	hizo	pudo
anduvimos	cupimos	estuvimos	hubimos	hicimos	pudimos
anduvisteis	cupisteis	estuvisteis	hubisteis	hicisteis	pudisteis
anduvieron	cupieron	estuvieron	hubieron	hicieron	pudieron

Poner	Querer	Saber	Tener	Venir
puse	quise	supe	tuve	vine
pusiste	quisiste	supiste	tuviste	viniste
puso	quiso	supo	tuvo	vino
pusimos	quisimos	supimos	tuvimos	vinimos
pusisteis	quisisteis	supisteis	tuvisteis	vinisteis
pusieron	quisieron	supieron	tuvieron	vinieron

Fíjate:
En este grupo de verbos también cambia el acento habitual del pretérito indefinido:
~~quisé~~ › quise
~~tuvó~~ › tuvo

Los verbos que tienen *j* en la raíz verbal pierden la *i* en la tercera persona del plural:

Conducir	Decir	Traducir	Traer
conduje	**dije**	**traduje**	**traje**
condujiste	**dijiste**	**tradujiste**	**trajiste**
condujo	**dijo**	**tradujo**	**trajo**
condujimos	**dijimos**	**tradujimos**	**trajimos**
condujisteis	**dijisteis**	**tradujisteis**	**trajisteis**
condujeron	**dijeron**	**tradujeron**	**trajeron**

Verbos irregulares en la tercera persona

- **E > I**

Divertirse	Elegir	Impedir	Medir	Mentir	Pedir
me divertí	elegí	impedí	medí	mentí	pedí
te divertiste	elegiste	impediste	mediste	mentiste	pediste
se divirtió	eligió	impidió	midió	mintió	pidió
nos divertimos	elegimos	impedimos	medimos	mentimos	pedimos
os divertisteis	elegisteis	impedisteis	medisteis	mentisteis	pedisteis
se divirtieron	eligieron	impidieron	midieron	mintieron	pidieron

Reír	Repetir	Seguir	Sentir	Servir	Sonreír
reí	repetí	seguí	sentí	serví	sonreí
reíste	repetiste	seguiste	sentiste	serviste	sonreíste
rio	repitió	siguió	sintió	sirvió	sonrió
reímos	repetimos	seguimos	sentimos	servimos	sonreímos
reísteis	repetisteis	seguisteis	sentisteis	servisteis	sonreísteis
rieron	repitieron	siguieron	sintieron	sirvieron	sonrieron

> Fíjate:
> Todos los verbos de este grupo son de la tercera conjugación *(-ir)*.

- **O > U**

Dormir	Morir
dormí	morí
dormiste	moriste
durmió	murió
dormimos	morimos
dormisteis	moristeis
durmieron	murieron

> Fíjate:
> Esta irregularidad solo la tienen los verbos *dormir* y *morir*.

• I > Y

Caer	Concluir	Construir	Contribuir	Creer
caí	concluí	construí	contribuí	creí
caíste	concluiste	construiste	contribuiste	creíste
ca**y**ó	conclu**y**ó	constru**y**ó	contribu**y**ó	cre**y**ó
caímos	concluimos	construimos	contribuimos	creímos
caísteis	concluisteis	construisteis	contribuisteis	creísteis
ca**y**eron	conclu**y**eron	constru**y**eron	contribu**y**eron	cre**y**eron

Destruir	Huir	Leer	Oír	Sustituir
destruí	hui	leí	oí	sustituí
destruiste	huiste	leíste	oíste	sustituiste
destru**y**ó	hu**y**ó	le**y**ó	o**y**ó	sustitu**y**ó
destruimos	huimos	leímos	oímos	sustituimos
destruisteis	huisteis	leísteis	oísteis	sustituisteis
destru**y**eron	hu**y**eron	le**y**eron	o**y**eron	sustitu**y**eron

Verbos con irregularidades propias

Dar	Ir/Ser
di	**fui**
diste	**fuiste**
dio	**fue**
dimos	**fuimos**
disteis	**fuisteis**
dieron	**fueron**

Recuerda:
Las formas de los verbos *ir* y *ser* coinciden en pretérito indefinido. Solo se distinguen por el contexto en que aparecen.

Pretérito imperfecto de indicativo

Verbos regulares

1.ª conjugación -AR CANTAR	2.ª conjugación -ER COMER	3.ª conjugación -IR VIVIR
cant**aba**	com**ía**	viv**ía**
cant**abas**	com**ías**	viv**ías**
cant**aba**	com**ía**	viv**ía**
cant**ábamos**	com**íamos**	viv**íamos**
cant**abais**	com**íais**	viv**íais**
cant**aban**	com**ían**	viv**ían**

Verbos irregulares

Ser	Ir	Ver
era	**iba**	**veía**
eras	**ibas**	**veías**
era	**iba**	**veía**
éramos	**íbamos**	**veíamos**
erais	**ibais**	**veíais**
eran	**iban**	**veían**

Pretérito pluscuamperfecto de indicativo

Verbos regulares

1.ª conjugación -AR CANTAR	2.ª conjugación -ER COMER	3.ª conjugación -IR VIVIR
había cantado	**había** comido	**había** vivido
habías cantado	**habías** comido	**habías** vivido
había cantado	**había** comido	**había** vivido
habíamos cantado	**habíamos** comido	**habíamos** vivido
habíais cantado	**habíais** comido	**habíais** vivido
habían cantado	**habían** comido	**habían** vivido

Participios irregulares

abrir › **abierto**	escribir › **escrito**	poner › **puesto**	romper › **roto**
cubrir › **cubierto**	hacer › **hecho**	prever › **previsto**	satisfacer › **satisfecho**
decir › **dicho**	imprimir › **impreso, imprimido**	resolver › **resuelto**	ver › **visto**
descubrir › **descubierto**	morir › **muerto**	revolver › **revuelto**	volver › **vuelto**

Futuro simple de indicativo

Verbos regulares

1.ª conjugación -AR CANTAR	2.ª conjugación -ER COMER	3.ª conjugación -IR VIVIR
cantaré	comeré	viviré
cantarás	comerás	vivirás
cantará	comerá	vivirá
cantaremos	comeremos	viviremos
cantaréis	comeréis	viviréis
cantarán	comerán	vivirán

Verbos irregulares

Caber	Decir	Haber	Hacer	Poder	Poner
cabré	diré	habré	haré	podré	pondré
cabrás	dirás	habrás	harás	podrás	pondrás
cabrá	dirá	habrá	hará	podrá	pondrá
cabremos	diremos	habremos	haremos	podremos	pondremos
cabréis	diréis	habréis	haréis	podréis	pondréis
cabrán	dirán	habrán	harán	podrán	pondrán

Querer	Saber	Salir	Tener	Valer	Venir
querré	sabré	saldré	tendré	valdré	vendré
querrás	sabrás	saldrás	tendrás	valdrás	vendrás
querrá	sabrá	saldrá	tendrá	valdrá	vendrá
querremos	sabremos	saldremos	tendremos	valdremos	vendremos
querréis	sabréis	saldréis	tendréis	valdréis	vendréis
querrán	sabrán	saldrán	tendrán	valdrán	vendrán

Futuro compuesto de indicativo

Verbos regulares

1.ª conjugación -AR CANTAR	2.ª conjugación -ER COMER	3.ª conjugación -IR VIVIR
habré cantado	**habré** comido	**habré** vivido
habrás cantado	**habrás** comido	**habrás** vivido
habrá cantado	**habrá** comido	**habrá** vivido
habremos cantado	**habremos** comido	**habremos** vivido
habréis cantado	**habréis** comido	**habréis** vivido
habrán cantado	**habrán** comido	**habrán** vivido

Participios irregulares

abrir › **abierto**	escribir › **escrito**	poner › **puesto**	romper › **roto**
cubrir › **cubierto**	hacer › **hecho**	prever › **previsto**	satisfacer › **satisfecho**
decir › **dicho**	imprimir › **impreso, imprimido**	resolver › **resuelto**	ver › **visto**
descubrir › **descubierto**	morir › **muerto**	revolver › **revuelto**	volver › **vuelto**

Condicional simple

Verbos regulares

1.ª conjugación -AR CANTAR	2.ª conjugación -ER COMER	3.ª conjugación -IR VIVIR
cantaría	comería	viviría
cantarías	comerías	vivirías
cantaría	comería	viviría
cantaríamos	comeríamos	viviríamos
cantaríais	comeríais	viviríais
cantarían	comerían	vivirían

Verbos irregulares

Caber	Decir	Haber	Hacer	Poder	Poner
cabría	diría	habría	haría	podría	pondría
cabrías	dirías	habrías	harías	podrías	pondrías
cabría	diría	habría	haría	podría	pondría
cabríamos	diríamos	habríamos	haríamos	podríamos	pondríamos
cabríais	diríais	habríais	haríais	podríais	pondríais
cabrían	dirían	habrían	harían	podrían	pondrían

Querer	Saber	Salir	Tener	Valer	Venir
querría	sabría	saldría	tendría	valdría	vendría
querrías	sabrías	saldrías	tendrías	valdrías	vendrías
querría	sabría	saldría	tendría	valdría	vendría
querríamos	sabríamos	saldríamos	tendríamos	valdríamos	vendríamos
querríais	sabríais	saldríais	tendríais	valdríais	vendríais
querrían	sabrían	saldrían	tendrían	valdrían	vendrían

Presente de subjuntivo

Verbos regulares

1.ª conjugación -AR CANTAR	2.ª conjugación -ER COMER	3.ª conjugación -IR VIVIR
cante	coma	viva
cantes	comas	vivas
cante	coma	viva
cantemos	comamos	vivamos
cantéis	comáis	viváis
canten	coman	vivan

Verbos irregulares

Irregularidades vocálicas

- **E › IE (verbos en -AR y -ER)**

Comenzar	Otros verbos
com**ie**nce	calentar, cerrar, despertarse, negar, pensar...
com**ie**nces	
com**ie**nce	
comencemos	
comencéis	
com**ie**ncen	

Entender	Otros verbos
ent**ie**nda	encender, perder, querer, tender...
ent**ie**ndas	
ent**ie**nda	
entendamos	
entendáis	
ent**ie**ndan	

- **E › IE + E › I (verbos en -IR)**

Mentir	Otros verbos
m**ie**nta	convertir, divertirse, herir, invertir, sentir, sugerir...
m**ie**ntas	
m**ie**nta	
m**i**ntamos	
m**i**ntáis	
m**ie**ntan	

- **O › UE (verbos en -AR y -ER)**

Soñar	Poder	Otros verbos
s**ue**ñe	p**ue**da	acordarse, acostarse, contar, soler, volver...
s**ue**ñes	p**ue**das	
s**ue**ñe	p**ue**da	
soñemos	podamos	
soñéis	podáis	
s**ue**ñen	p**ue**dan	

- **O › UE + O › U**

Dormir	Otros verbos
d**ue**rma	morir
d**ue**rmas	
d**ue**rma	
d**u**rmamos	
d**u**rmáis	
d**ue**rman	

- **U › UE**

Jugar
j**ue**gue
j**ue**gues
j**ue**gue
juguemos
juguéis
j**ue**guen

- **E › I**

Pedir	Otros verbos
p**i**da	elegir, reírse, repetir, servir, vestirse...
p**i**das	
p**i**da	
p**i**damos	
p**i**dáis	
p**i**dan	

- **I › Y**

Construir	Otros verbos
constru**y**a	concluir, contribuir, destruir, huir...
constru**y**as	
constru**y**a	
constru**y**amos	
constru**y**áis	
constru**y**an	

Verbos con la primera persona irregular en presente de indicativo

- **Verbos en -ZC-** ***(conduzco, conozco, obedezco, produzco, traduzco)***

Conducir	Conocer	Obedecer	Producir	Traducir
condu**zc**a	cono**zc**a	obede**zc**a	produ**zc**a	tradu**zc**a
condu**zc**as	cono**zc**as	obede**zc**as	produ**zc**as	tradu**zc**as
condu**zc**a	cono**zc**a	obede**zc**a	produ**zc**a	tradu**zc**a
condu**zc**amos	cono**zc**amos	obede**zc**amos	produ**zc**amos	tradu**zc**amos
condu**zc**áis	cono**zc**áis	obede**zc**áis	produ**zc**áis	tradu**zc**áis
condu**zc**an	cono**zc**an	obede**zc**an	produ**zc**an	tradu**zc**an

Otros verbos
agradecer, crecer, desaparecer, nacer, ofrecer, parecer, reducir...

- **Otros verbos irregulares en la primera persona *(caigo, digo, hago, oigo, pongo, salgo, tengo, traigo, valgo, vengo)***

Caer	Decir	Hacer	Oír	Poner
caiga	diga	haga	oiga	ponga
caigas	digas	hagas	oigas	pongas
caiga	diga	haga	oiga	ponga
caigamos	digamos	hagamos	oigamos	pongamos
caigáis	digáis	hagáis	oigáis	pongáis
caigan	digan	hagan	oigan	pongan

Salir	Tener	Traer	Valer	Venir
salga	tenga	traiga	valga	venga
salgas	tengas	traigas	valgas	vengas
salga	tenga	traiga	valga	venga
salgamos	tengamos	traigamos	valgamos	vengamos
salgáis	tengáis	traigáis	valgáis	vengáis
salgan	tengan	traigan	valgan	vengan

Verbos con irregularidades propias

Haber	Ir	Saber	Ser	Ver
haya	vaya	sepa	sea	vea
hayas	vayas	sepas	seas	veas
haya	vaya	sepa	sea	vea
hayamos	vayamos	sepamos	seamos	veamos
hayáis	vayáis	sepáis	seáis	veáis
hayan	vayan	sepan	sean	vean

Verbos con cambios gráficos

• G › J	• C › Z	• Z › C	• GU › G	• G › GU	• C › QU
Coger	Convencer	Cazar	Distinguir	Investigar	Tocar
coja	convenza	cace	distinga	investigue	toque
cojas	convenzas	caces	distingas	investigues	toques
coja	convenza	cace	distinga	investigue	toque
cojamos	convenzamos	cacemos	distingamos	investiguemos	toquemos
cojáis	convenzáis	cacéis	distingáis	investiguéis	toquéis
cojan	convenzan	cacen	distingan	investiguen	toquen

Dar
dé
des
dé
demos
deis
den

Fíjate:
El verbo *dar* lleva una tilde diacrítica en la primera y tercera personas del singular para que no se confunda con la preposición *de*.

Estar
esté
estés
esté
estemos
estéis
estén

Fíjate:
El verbo *estar* cambia la sílaba tónica habitual del presente de subjuntivo en todas las personas del singular y en la tercera del plural.

Pretérito perfecto de subjuntivo

Verbos regulares

1.ª conjugación -AR CANTAR	2.ª conjugación -ER COMER	3.ª conjugación -IR VIVIR
haya cantado	**haya** comido	**haya** vivido
hayas cantado	**hayas** comido	**hayas** vivido
haya cantado	**haya** comido	**haya** vivido
hayamos cantado	**hayamos** comido	**hayamos** vivido
hayáis cantado	**hayáis** comido	**hayáis** vivido
hayan cantado	**hayan** comido	**hayan** vivido

Participios irregulares

abrir › **abierto**	escribir › **escrito**	poner › **puesto**	romper › **roto**
cubrir › **cubierto**	hacer › **hecho**	prever › **previsto**	satisfacer › **satisfecho**
decir › **dicho**	imprimir › **impreso, imprimido**	resolver › **resuelto**	ver › **visto**
descubrir › **descubierto**	morir › **muerto**	revolver › **revuelto**	volver › **vuelto**

Glosario

	En mi lengua
A	
A lo mejor	
A partir de	
Ábaco, el	
Abertura, la	
Abono, el	
Acabar de + infinitivo	
Acelerado/a	
Acerca de	
Ácido graso, el	
Ácido oleico, el	
Ácido/a	
Acontecimiento, el	
Acorde a	
Acotar	
Activista, el/la	
Acumular	
Adaptación, la	
Adaptarse	
Adentrarse	
Admitir	
Adolescencia, la	
Adquisición, la	
Adulto/a	
Agarrar	
Agregar	
Agrícola	
Agricultor/a, el/la	
Aguacate, el	
Agujero, el	
Ahorrar	
Ajustado/a	
Al + infinitivo	
Alambre, el	
Alargado/a	
Alérgico/a	
¿Alguien quiere añadir algo más?	
Alimento ultraprocesado, el	
Alinear	
Alternativo/a	
Alucinar	
Aludir	
Aluminio, el	
Amargo/a	
Ambición, la	
Ambicioso/a	
Aminoácido, el	
Ancho/a	
Andar + gerundio	
Andares, los	
Animarse	
Antes de	
Antibacteriano/a	
Anticuado/a	
Antioxidante	
Anuncio, el	
Aparato, el	
Aplauso, el	
Apocado/a	
Aptitud, la	
Arcén, el	
Arista, la	
Aromático/a	
Arteria, la	
Articulación, la	
Artículo, el	
Asa, el	
Así (es) que	
Asistente, el/la	
Astronauta, el/la	
Asustarse	
Atardecer, el	
Atracción, la	
Atravesar	
Audiencia, la	
Aunque	
Automatización, la	
Azotea, la	
B	
Bacalao, el	
Bachillerato, el	
Bacteria, la	
Bando, el	
Barbacoa, la	
Bechamel, la	
Beneficio, el	
Berenjena, la	
Biciclo, el	
Boca, la	
Boda, la	
Bollería, la	
Bolsa, la	
Bombero/a, el/la	
Bombón, el	
Borde, el	
Bote, el	
Botella, la	
Burocracia, la	
C	
Cable, el	
Cacao, el	
Cacerola, la	
Cada vez que	
Cadena, la	
Caja, la	
Cajón, el	
Calcio, el	
Cálculo, el	
Caloría, la	
Cámara, la	
Cámara web, la	
Campamento, el	
Cáncer, el	
Candidato/a, el/la	
Canela, la	
Cárcel, la	
Cartelera, la	
Cartón, el	
Casarse	
Catástrofe, la	
Célebre	
Celiaco/a, el/la	
Ceremonia, la	
Chía, la	
Chocar	
Chorizo, el	
Ciencias de la Salud	
Ciencias Sociales y Jurídicas	
Científico/a, el/la	
Cilindro, el	
Cinta, la	
Círculo, el	
Cirujano/a, el/la	
Descapotable	
Col, la	
Colesterol, el	
Comercial	
Comida precocinada, la	
Compaginar	
Complejo/a	
Comprensivo/a	

	En mi lengua
Comunitario/a	
Concurso, el	
Conducta, la	
Conflicto, el	
Conllevar	
Connotación, la	
Consecuencia, la	
Consentimiento, el	
Consola, la	
Consolidar	
Contraer	
Contrato, el	
Corcho, el	
Cordero, el	
Cordón, el	
Corto/a	
Costero/a	
Costoso/a	
Crema, la	
Crítica, la	
Crítico/a, el/la	
Cuadrado, el	
Cuadrado/a	
Cuchara, la	
Currículum, el	

D

Dado que	
Daño (material), el	
Dar muerte	
De ahí que	
De manera/modo que	
Degustación, la	
Dejar de + infinitivo	
Dejar en evidencia	
Delantero/a	
Delito, el	
Demandar	
Derecho	
Descifrar	
Desde mi punto de vista	
Desde que... hasta que...	
Desenlace, el	
Desenvolverse	
Desfavorecido/a	
Deshumanización, la	

	En mi lengua
Desigualdad, la	
Desintoxicante	
Desmentir	
Desmigar	
Desobedecer	
Detective, el/la	
Deuda, la	
Diagonal	
Dictador/a, el/la	
Dictadura, la	
Digitalmente	
Dignidad, la	
Dimisión, la	
Dinámico/a	
Discriminación, la	
Dispararse	
Disquete, el	
Doblar	
Dominar	
Dosis, la	

E

Eficaz	
El hombre/la mujer del tiempo	
El/la más/menos... de...	
Elaboración, la	
Embaucador/a	
Emocionante	
Empezar/comenzar a + infinitivo	
Empleo, el	
En cuanto	
En directo	
¿En serio?	
En vista de que	
Enamorarse	
Enfermería	
Enfrentarse	
Enlazar	
Enojado/a	
Ensaladilla, la	
Enterarse	
Entrecot (a la pimienta), el	
Entrevistador/a, el/la	
Equipo, el	
Equitativo/a	
Equivalente	

	En mi lengua
Era, la	
Es/sirve/se usa/se utiliza para	
Escrache, el	
Esencial	
Espectador/a, el/la	
Espera un momento/momentito.	
Espeso/a	
Espíritu, el	
Establecer	
Estadio, el	
¿Estamos todos de acuerdo?	
Estantería, la	
Estar a punto de + infinitivo	
Estar al caer	
Estar al día	
Estar al rojo (vivo)	
Estar (como) en una nube	
Estar de moda	
Estar embarazada	
Estar en el aire	
Estar en paro	
Estrecho/a	
Estreno, el	
Estricto/a	
Estudio, el	
Etiqueta, la	
Evocar	
Expandirse	
Explotación, la	
Extenuante	
Extracción, la	

F

Falso/a	
Farmacia, la	
Festival, el	
Fiable	
Fiarse	
Fibra, la	
Filología, la	
Firmar	
Firme	
Física, la	

	En mi lengua
Fisioterapia, la	
Fogón, el	
Formación profesional, la	
Formado/a	
Fracasado/a	
Frágil	
Freír	
Fuente, la	
Funcionalidad, la	
Fundación, la	

G

Gamba, la	
Generación, la	
Género, el	
Genio, el	
Gestión, la	
Graduarse	
Gráfico, el	
Guion, el	

H

Habilidad, la	
Harina, la	
He leído/oído/visto que + información	
Herramienta, la	
Hierba, la	
Hierro, el	
Historia del Arte	
Horizontal	
Huerto urbano, el	
Huevera, la	
Humanidades, las	

I

Igual de… que…	
Igualdad, la	
Imán, el	
Imitar	
Implantarse	
Impresión, la	
Improvisar	
Impulsar	
Inconveniente, el	
Independizarse	
Infancia, la	
Infarto, el	
Infeccioso/a	

	En mi lengua
Información meteorológica/deportiva…, la	
Informarse	
Informativo, el	
Informe, el	
Infracción, la	
Ingeniería, la	
Ingenioso/a	
Ingerir	
Ingrediente, el	
Inmediatez, la	
Inmediato/a	
Innovador/a	
Insospechado/a	
Integrar	
Inteligencia artificial, la	
Interconexión, la	
Interpretar	
Inversión, la	
Investigación, la	
Investigar	
Ir + gerundio	

J

Jardinería, la	
Jornada (de trabajo), la	
Joyero/a, el/la	
Jubilación, la	
Jubilarse	
Juez/a, el/la	
Juventud, la	

K

Kale, el	

L

Lactosa, la	
Largo/a	
Lasaña, la	
Lata, la	
Lector/a, el/la	
Lenguado, el	
Ligar	
Lingüístico/a	
Líquido, el	
Llamar la atención	
Llevar + cantidad de tiempo) + gerundio	

	En mi lengua
Lo mismo (loc. adv.)	
Lo que más/menos me gusta/interesa es/son	
Locutor/a, el/la	
Logotipo, el	

M

Maceta, la	
Madera, la	
Madurez, la	
Magnético/a	
Maletín, el	
Mango, el	
Maniático/a	
Manipular	
Manivela, la	
Marcar	
Marisco, el	
Más/menos… que…	
Me extraña + sustantivo/infinitivo/*que* + subjuntivo	
¡Me has ayudado mucho, gracias!	
Me sorprende + sustantivo/infinitivo/*que* + subjuntivo	
Medio de comunicación, el	
Melocotón (en almíbar), el	
Mensajero/a, el/la	
Mermelada, la	
Metafórico/a	
Metal, el	
Meteorología, la	
Microplástico, el	
Milenario/a	
Milenial, el/la	
Mineral, el	
Moderación, la	
Mosquita muerta, el/la	
Muchas gracias por todo/tu consejo.	

En mi lengua

N

Nacimiento, el
Nada más + infinitivo
Natillas, las
No es que + subjuntivo, *es que* + indicativo
¡No me lo puedo creer!
No me suena.
No olvidar/no olvidarse de + sustantivo/*que*
No porque + subjuntivo, *sino porque* + indicativo
No, no lo sabía/no tenía ni idea.
Noticia, la
Nuez moscada, la
Nutrición, la
Nutricionista, el/la
Nutriente, el

O

O sea que
Obesidad, la
Objetivo/a
Obsesivo/a
Organismo, el
¿Os parece bien a todos?
Oyente, el/la

P

Padecer
Paleodieta, la
Palo, el
Pan rallado, el
Panceta, la
Para colmo
Para entonces
Para nada
Pareja, la
Parrilla, la
Participante, el/la
Partícula, la
Partido, el
Pasión, la

En mi lengua

Pasividad, la
Pastor/a, el/la
Pata, la
Patrimonio, el
Pegar (algo)
Pensión, la
Perdona que te interrumpa.
Perejil, el
Periodismo, el
Periodista, el/la
Periodístico/a
Permanentemente
Persecución, la
Picadora, la
Picante
Picar
Piedra, la
Pieza, la
Pimentón, el
Pinchar
Pinza, la
Pista, la
Placer, el
Plaga, la
Plano/a
Plástico, el
Plató, el
Plomo, el
Pluma, la
Pobreza, la
Polinización, la
Ponerse a dieta
Ponerse rojo/a
Popularización, la
Populismo, el
Por consiguiente/por lo tanto/por lo que
Por si acaso
Porción, la
Portavelas, el
Portavoz, el/la
Portero/a, el/la
Posar
Posiblemente
Posterioridad, la
Potasio, el
Pozo, el
Precioso/a
Precisamente

En mi lengua

Preciso/a
Predicción, la
Prensa (escrita), la
Prensado, el
Presa, la
Presentador/a, el/la
Prestar atención
Prestigioso/a
Prever
Probablemente
Procesar
Productor/a, el/la
Profesor/a/formador/a en línea, el/la
Proliferación, la
Prometedor/a
Promoción, la
Promover
Pronosticar
Proteína, la
Publicar
Puede ser que + subjuntivo
Puesto que
Puesto, el
Punta, la

Q

¡Qué sorpresa/raro/extraño!
¡Que sueñes con los angelitos!
Quinoa, la
Quiosquero/a, el/la
Quizá/s

R

Radio, la
Rape, el
Rebozar
Receptor/a, el/la
Recetar
Recipiente, el
(No) recordar/acordarse de + sustantivo/*que...*
Rectangular
Rectángulo, el

	En mi lengua
Recto/a	
Refrescante	
Refugiado/a, el/la	
Refugiarse	
Regadío, el	
Rehogar	
Reinventar	
Relaciones personales, las	
Renacer	
Reportaje, el	
Reportero/a, el/la	
Reposar	
Rescatar	
Resistente	
Resolver	
Retención, la	
Reto, el	
Retransmitir	
Retribución, la	
Revuelto, el	
Riesgo, el	
Rondar	
Rueda, la	
Rumor, el	

S

	En mi lengua
¿Sabes qué/si/cómo/cuándo/dónde…?	
Sacrificio, el	
Salado/a	
Salmón, el	
Saltarse	
Sandía, la	
Sartén, la	
Satélite, el	
Se me da bien.	
Se usa/se utiliza/se emplea/sirve como + sustantivo	
Sector (sanitario), el	
Seguir/continuar + gerundio	
Seguramente	
Selfi, el	
Sembrar	
Semilla, la	
Ser un/a negado/a	
Serie, la	
Si elegimos…, entonces…	
Sí, ya lo sabía.	
Significativo/a	
Sistema inmunológico, el	
Sistema nervioso, el	
Solicitar (plaza)	
Soso/a	
Sospechoso/a	
Subjetivo/a	
Suicidio, el	
Superalimento, el	
Superar	

T

	En mi lengua
Tal vez	
Tambor (de la lavadora), el	
Tan… como…	
Tapa, la	
Tapar	
Tapón, el	
Te agradezco mucho tu ayuda.	
Tecnologías ambientales, las	
Tela, la	
Telecomunicaciones, las	
Telediario, el	
Telespectador/a, el/la	
Televisión a la carta, la	
Temblar	
Tendero/a, el/la	
Tener facilidad	
Tercera edad, la	
Término, el	
Testimonio, el	
Timbre, el	
Tinta, la	
Tira, la	
Titular, el	
Tofu, el	
Trabajo manual, el	
Transferir	
Transparencia, la	
Traslado, el	
Tratamiento, el	
Trato, el	
Triangular	
Triángulo, el	
Trigo, el	
Triple, el	
Triturar	
Trozo, el	
Trucha, la	
Tubo, el	

U

	En mi lengua
Última hora, la	
Universitario/a, el/la	
Urbanismo, el	
Utensilio, el	

V

	En mi lengua
Vanidoso/a	
Vareo, el	
Vaso, el	
Vegano/a	
Vejez, la	
Vejiga, la	
Vertical	
Vértigo/el	
Vibrar	
Víctima, la	
Vida laboral, la	
Violonchelista, el/la	
Violonchelo, el	
Visual	
Volador/a	
Volver a + infinitivo	
Vomitar	
Vulnerable	

Y

	En mi lengua
Ya caigo…	
Ya que	
Yo que tú/yo en tu lugar/yo + condicional	

Z

	En mi lengua
Zapatero/a, el/la	

Créditos fotográficos

UNIDAD 6: Esta es mi generación

Pág. 108: Mustang descapotable: Fernando V, Shutterstock.com. **Pág. 116:** Generación del 27: Foto del grupo poético tomada en Sevilla en 1927 y atribuida a Pepín Bello. **Pág. 117:** Residencia de Estudiantes: por cortesía de Luis García en https://commons.wikimedia.org/wiki/File:Residencia_de_Estudiantes_(Madrid)_07.jpg; Luis Buñuel: Foto de dominio público aparecida en la revista *Gente y la actualidad*, año 3, número 130, enero de 1968, Buenos Aires, autor desconocido: https://upload.wikimedia.org/wikipedia/commons/d/df/Luis_Bu%C3%B1uel.JPG; Federico García Lorca: Foto de dominio público hallada en la Universidad de Granada en 2007, proveniente de una ficha de estudiante, autor desconocido: https://commons.wikimedia.org/w/index.php?curid=7568045; Salvador Dalí: Foto de dominio público de Carl van Vechten - Van Vechten Collection at Library of Congress: https://commons.wikimedia.org/w/index.php?curid=1316978; Manuel de Falla: Foto de dominio público del Archivo Manuel de Falla - ticket: 2013012510007831: https://commons.wikimedia.org/w/index.php?curid=25278393

UNIDAD 7: Todo es noticia

Pág. 125: Periódico digital: Gil C., Shutterstock.com. **Pág. 134:** J. Balvin: Kathy Hutchins, Shutterstock.com; Rafael Nadal: Leonard Zhukovsky, Shutterstock.com; Sonia Sotomayor: K2 images, Shutterstock.com; Rosalía: Ted Alexander Somerville, Shutterstock.com; Gustavo Dudamel: Tinseltown, Shutterstock.com; María Celeste Arrarás: Matías Ocner, en https://www.flickr.com/photos/55155430@N03/32766594154/. **Pág. 136:** Manifestación por el clima: sil_sil_sil, Shutterstock.com. **Pág. 137:** Refugiados sirios: Lukasz Z., Shutterstock.com. **Pág. 141:** Reunión: A_Lesik, Shutterstock.com.

UNIDAD 8: ¿Qué habrá pasado?

Pág. 143: Plaza de Chueca, Madrid: Victor Lafuente Alonso, Shutterstock.com. **Pág. 144:** Sinclair Spectrum: Roman Belogorodov, Shutterstock.com; PlayStation: charnsitr, Shutterstock.com. **Pág. 156:** Estación de Chamberí: Giron Photography, Shutterstock.com. **Pág. 157:** Restaurante Botín: Eric Crama, Shutterstock.com.

UNIDAD 9: ¿Eres lo que comes?

Pág. 169: Mercado de San Miguel: Vlad Teodor, Shutterstock.com; Fachada del mercado: Takashi Images, Shutterstock.com. **Pág. 176:** Vareo: José Pizarro, Shutterstock.com. **Pág. 181:** Calle Alfonso I, Zaragoza: trabantos, Shutterstock.com.

UNIDAD 10: Línea de meta

Pág. 187: Apple Macintosh: Masini, Shutterstock.com; iPhone: Basar, Shutterstock.com. **Pág. 190:** Campo de refugiados: Ehab Othman, Shutterstock.com; Surfistas: Sahwe, Shutterstock.com. **Pág. 196:** Tienda de comercio justo: Martien van Gaalen, Shutterstock.com. **Pág. 197:** Granja de seda natural: Joanne Jean, Shutterstock.com; Recolección de té en la India: Maximum Exposure PR., Shutterstock.com.

Fichas de "Pronunciación y ortografía"

Pág. 207: Décimo de lotería: Alfonso de Tomas, Shutterstock.com.

FRECUENCIAS

Español comunicativo para el siglo XXI

Nivel

Libro del estudiante

A2

Equipo **Frecuencias**

PARTE 2 A2.2

Edi numen

ISBN - Libro del estudiante: 978-84-9179-541-4
Depósito legal: M-15848-2020

Impreso en España
Printed in Spain
0122

Coordinación pedagógica:
M.ª José Gelabert

Coordinación editorial:
Amelia Guerrero y Mar Menéndez

Maquetación:
Juanjo López, Sara Serrano y Elena Lázaro

Diseño de portada y maqueta:
Juanjo López

Estudio de grabación:
Producciones Activawords

Impresión:
Gráficas Glodami. Madrid

Vídeos:
Serie *Hostal Babel*, creada y producida por Edinumen

Créditos fotográficos en pág. 200

Editorial Edinumen
José Celestino Mutis, 4. 28028 Madrid. España
Teléfono: (34) 91 308 51 42
Correo electrónico: edinumen@edinumen.es
www.edinumen.es